让你的心永不刚硬，你的性情永不倦怠，你的触摸永不伤人。

——查尔斯·狄更斯

生命的守望者

牛海坤　著

内蒙古出版集团
远方出版社

德耀中华

——第三届全国道德模范事迹及颁奖词

全国孝老爱亲模范

大爱无声！你们奉行的孝道，你们展示的爱心，是百善之首，是人性之基。你们为国尽忠，为人尽孝，彰显了炎黄子孙的人性之美，光大了中华民族的传统美德。你们的孝心爱心，感人肺腑，感动天地，续写了“老吾老以及人之老，幼吾幼以及人之幼”的文明华章。

谨以此书献给故事的主人公

以及用劳动、智慧、情感铸就和传承什桂图光荣历史

和仍将为什桂图再创辉煌的人!

图书在版编目（CIP）数据

生命的守望者 / 牛海坤著 .-- 呼和浩特：远方出版社，2016.6

ISBN 978-7-5555-0761-1

Ⅰ.①生… Ⅱ.①牛… Ⅲ.①报告文学－中国－当代 Ⅳ.① I25

中国版本图书馆 CIP 数据核字（2016）第 230324 号

生命的守望者

作　　者　牛海坤

总 策 划　苏那嘎

责任编辑　王　福　云高娃

装帧设计　韩　芳

出版发行　内蒙古出版集团　远方出版社

社　　址　呼和浩特市乌兰察布东路 666 号　邮编 010010

电　　话　（0471）2236471 总编室　2236460 发行部

经　　销　新华书店

印　　刷　内蒙古爱信达教育印务有限责任公司

开　　本　787mm×1092mm　1/16

字　　数　150 千

印　　张　12

版　　次　2016 年 6 月第 1 版

印　　次　2016 年 6 月第 1 次印刷

印　　数　1—3 0000 册

标准书号　ISBN 978-7-5555-0761-1

定　　价　38.00 元

目 录

太阳给了世界光明，

父母给了儿女生命。

——蒙古族谚语

引子

在写这篇报告文学的时候，我眼前总是浮现出一幅凄清的画面：一个清瘦的年轻人踉踉跄跄奔走在矿区蜿蜒的山路上，同一条路上，中年的他、老年的他还在奔走，身后那座蓄势待跑的马鞍山始终稳稳地镶嵌在绵长的大青山山脉上。“V”形的青山深处，他披着霞光、星光和曙光，从雾霭、风霜与冰雪的裹挟中走来，穿过世纪的烟尘传递到我的心间和笔下。

凡尘落素，岁月让我们记住了一个名字——朱清章。

他是矿山的儿子，在那个名叫什桂图的中国西北角，在那座沸腾了半个多世纪的乌金之海，默默坚守，向着命运逆风飞翔。

1

1974年，我们故事的主人公——朱清章，那时只有24岁，是内蒙古包头市什桂图河滩沟煤矿一名临时采煤工。

转眼又到冬天了，那一年的冬天来得格外早。但在朱清章的心里，却是春意浓浓。望着远处恣意绵延的大青山，他感到美好生活已触手可及，幸福的日子在不断向他走近。他就要结婚了，寒冷和繁重的体力劳动也不能抑制住心底的激动和兴奋，他吹着快活的口哨，迈着轻快的步子，走在前往矿山的路上。

这一天，朱清章上夜班。他刚进更衣室，突然有电话找他，说家里出事了。

他心里一惊，家里会出什么事？一定是父亲出事了，他顾不上多问，慌忙向着家的方向奔跑而去。

一路上，他的脑海里不断浮现出父亲在几次矿难中那血肉模糊、死里逃生的画面。父亲因严重的工伤已被劝退回家，难道他的病又发作了？还是……

他不敢再想下去。

家里已一片混乱。

他做梦都没想到出事的竟是母亲。

父亲浑身抽搐瘫坐在火炉旁，几个邻居围着母亲团团转，母亲已处于半昏迷状态，嘴角一直在动，想说话却说不清。

“妈，您怎么了？怎么了？”他冲上前去，用力摇晃着母亲。

母亲含含糊糊地念叨着：“火！火！火！钱！钱！钱！”

邻居指了指炉子，炉旁一堆灰烬，灰烬里有几张烧了一大半的钞票，父亲哆哆嗦嗦地捧着灰烬中未烧完的钞票，涕泪交零。

▲ 矿山一角

他明白了，母亲把用来给他娶媳妇的1300元钱全烧光了。

当时的煤矿工人每月工资只有几十元钱，对于这样一个普通的矿工家庭来说，这1300元钱是他家多年积攒下来的全部积蓄。

尽管已经过去几十年，但想起那年冬天发生的一切，朱清章老人依旧沉痛，“那是我记忆中最冷的一个冬天，什桂图矿区的山风冷冷地吹了整整一冬，第二年春天到来的时候，马鞍山的白桦树都被北风刮得只剩下光秃秃的树干了……”

记忆如蝴蝶般飞来，朱清章老人的思绪回到了几十年前那段刻骨铭心的岁月里。他动情地说起慈祥的母亲。而于我而言，对于眼前这位老人的最初叙述，我也更愿意从一位母亲开始。

为给儿子娶亲，本来就节俭的母亲更加省吃俭用了。她把攒下的每一分钱都藏在停火不用的炉桶里。这天天冷，母亲点燃了已停用半年的炉子，火生着后，才突然想起钱还在炉桶里，她不顾一切地推倒火炉，把手伸进燃烧的火里去取钱，一次、两次……可燃烧着的钱还是在她的手里变成了灰烬！望着辛苦多年积攒的1300元钱瞬间化为乌有，本来就患有高血压的母亲——平时又舍不得花钱去看病——这一着急上火，脑溢血了。

母亲病情严重，必须连夜转送到内蒙古自治区人民医院进行救治。

救护车沿着矿区崎岖的山路蜿蜒地行驶在浓浓的夜色中，起风了，空气中到处弥漫着煤尘腥涩的味道，天地被搅得混沌一片，看不见月亮也看不到星星。朱清章握着母亲的手，不停地呼唤：“妈，钱没有了咱们能再挣，您不能这么吓唬儿子啊！您快醒一醒、您醒醒……”

母亲已没有了回应。

半年后，母亲的命总算保住了，却没有了意识，没有了知觉，大小便失禁，不能自主吞咽，甚至连口水也含不住，只能靠胃管进食，全身的肌肉也变得僵直，而且还在不断地萎缩。

朱清章心急如焚，他天天求大夫救治会诊。这一天，主治医师终于对他说出实情：“小伙子，我们理解你的心情。医院已尽了全力，但不能改变的事实是你母亲已成了植物人。回家去吧，早点儿给老人准备后事……”

医生的话如晴天霹雳，母亲就这样被判了死刑吗？曾经那么鲜活生动的母亲，怎么会成了植物人！

他大声咆哮：“不，不，不，这不可能，不可能！”

“大夫，你救救我母亲、救救我母亲吧……”他跪倒在地。

他无法接受这样的结果，主治医师也很难过，可医生已爱莫能助。

“妈，您快醒醒、醒醒啊！您不能这样睡下去啊……”朱清章趴在母亲床边痛哭失声。

往事历历在目。

国民经济困难时期，为了让正在长身体的他吃得饱些，母亲吃观音土几次晕厥过去，她醒来了；父亲遭遇严重矿难，母亲精神遭受巨创昏迷了整整两天，她醒过来了；他偷偷辍学下矿井，母亲悲伤过度病倒，一星期水米未进，但她也挺了过来。母亲是那么坚强的一个人，她不会被饥饿、悲伤、病魔和任何的苦难压垮，她不会就这样沉睡下去，她不会！

医院已不肯再收留，他们也早已花光了所有的钱，朱清章只好带着母亲回家。

从呼和浩特到包头再到什桂图行程200多公里，因为没有钱，朱清章和母亲搭了一路的货车。车厢外，初春的原野已是一片绿意盎然的景象，大青山褪去了冬日的赤裸与贫瘠，绵延中透出勃勃生机，车外一泻千里的苍茫绿野，让朱清章低落的心渐渐地升起了一丝憧憬。

望着昏睡的母亲，朱清章想起了多年前和父母一起来到什桂图的那个冬天。那一年，他还不到十岁。

什桂图的冬天，气温常常在零下40摄氏度，朱清章一家和矿区的建设者都住在四面透风的窝棚里，但人们并不觉得苦，那是因为他们摆脱了饥饿的折磨，在什桂图获得了新生。小清章整日开心地在山里跑来跑去，不料，一场重感冒差点要了他的命。

那一天，外面下着大雪，母亲点着煤油灯，一家人正准备吃饭，躺了一天的朱清章突然高烧昏迷了。这可急坏了父母，父亲抱起他就走，妈妈撑着伞紧紧相随。父母深一脚浅一脚，摸黑走了几里的山路，才到了诊所。

那时，什桂图还没有医院，又赶上大雪封山，诊所的药品用完了又运不进来，父母只好抱着他回到自家的窝棚。他们开始用最笨的方法为他退烧。水壶里沸腾出的蒸气把窝棚变成了蒸笼，母亲身上盖着厚厚的棉被和一些衣物，一直抱着他帮他出汗。父亲守着烧红的炉子，不断地往炉膛里加煤。这样度过了两天两夜，他终于醒了，母亲却像从水里捞出来一般，看着醒来的儿子，母亲露出了疲惫的笑容。

货车的鸣笛声把朱清章从记忆深处拽回到现实，抚摸着母亲冰冷的额头和僵直的手指，他的心头掠过阵阵酸痛。他不能也不愿相信医生给母亲下的结论，那一定是错的，母亲不会变成植物人，他不服气！

“妈，您要相信自己、相信您的儿子，您会好起来，您看见了吗？春回大地了，咱家门前的树这个时候一定又绿起来了，那树还是您和爸带着我亲手栽的呢……”他含着泪对母亲说道。

他暗下决心，一定要用自己的努力唤醒母亲……

2

可是，当朱清章背着母亲回到家中，父亲，这个多病缠身的老矿工，因不堪妻子成为永久植物人这一打击，病情突然加重，只几天的时间，生活就完全不能自理了。这对朱清章来说，无疑又是一次致命的打击。

朱清章老人多次提到那个冬天："我的人生以1974年冬天为分界点，我命运的大转折就是从那个冬天开始的……"

1974年的冬天，那个注定给朱清章一生留下悲伤刻痕的寒冷日子，拉开了他守望生命的帷幕，生命的守望者怀揣对父母的挚爱与感恩、对生命的敬畏与渴望，开始了他无悔的坚守和等待。

自此，守候，这个无限丰富的存在，开始深深地隐藏在了他的生命中，每时每刻，如影随形，成了他生命的姿态和底色。

父爱如山，母爱如河，24岁的朱清章，仿佛是在一夜之间就失去了山的屏障与河的呵护，相依为命的三口之家，两根顶梁柱垮了，他的生活陷入了无边的黑暗。

不，他还有未婚妻！那是他生命的另一半。可是，他从医院回来已有几天了，为什么一直没见到她呢？想到这，他立刻走出家门。他要去看看未婚妻，他们的婚期也已临近，他还要和她商量婚事。

朱清章刚走进矿务局医院，正巧碰到护士长迎面走来，他喜出望外地迎了上去。

望着朱清章向她走来，护士长却摇着头长长地叹了口气。

“哎，小朱，你回来了，来我办公室一趟吧！”

他跟着护士长走进办公室。

过了好一会儿，护士长才说话：“小朱，我不知该怎么对你说，这半年多，你未婚妻一直在照顾你父亲，你在内蒙古医院照顾你母亲，说起这些都让人心痛。对了，你大概还不知道，你未婚妻的父亲也病倒了，就住在我们医院，你去看看他老人家吧……”

“病了？住院了？得了什么病？他老人家身体不是一直很好的吗……”

护士长摆手示意他不要再说下去。

朱清章停止了说话，一缕悲凉的情绪掠过脑海，他的心一阵刺痛。他明白了，未婚妻父亲的病，一定是为女儿的婚事忧心所致吧！谁的父母愿意让女儿嫁入他这样的家庭呢！

他跌跌撞撞地向病房跑去，可到病房门口他却像被什么揪住脚步似的停了下来。隔着病房门的玻璃窗，他看见未婚妻的父亲躺在病床上，一脸的病容，正在忙碌的未婚妻背影疲惫，半年不见，她消瘦了很多。望着病房里的一切，他的眼睛湿润了，他想冲进去拥抱未婚妻，他也想和老人说说话！可在这样的时刻，他能吗？他不愿意因他的出现再刺激未婚妻的父亲！

他不能再拖累她了。

第二天一早，未婚妻来到他家里。

朱清章提出分手。

未婚妻一脸愕然。

但他态度坚决，看上去毫无挽回的余地。

未婚妻哭着夺门而去。

望着未婚妻渐行渐远的背影，他泪落如雨……

朱清章上班不久，母亲开始托人给他找对象。经人介绍，他与矿务局医院的一个护士见了面。文静的护士一眼就看上了浓眉大眼的朱清章，望着眼前温柔甜美的姑娘，他也像是与同类人对上了接头暗号，心里悄然一热。很快，他们就开始约会了。每天，他下班后就去医院门口等护士下班，两人沿着曲曲折折的山路散步，路人见了这对年轻的情侣，都投来羡慕的眼神。

父母对这个未来的儿媳妇非常满意。母亲患有高血压，每隔几天，护士都会来家里给母亲测血压。每次见到她，母亲都乐得合不拢嘴。父亲的腿脚也似乎利索了不少，走起路来腰板挺直，连说话的声音都洪亮了很多，好久不见的笑容又回到父亲的脸上。女朋友的父母对这个准女婿也很中意，双方父母开始张罗着为儿女操办婚事，他们的婚期很快就定了下来。

朱清章憧憬着他们的幸福未来。

然而，天有不测风云，入冬的一把炉火烧掉了原本顺理成章的一切。母亲突然成了植物人，紧接着父亲的病也进一步恶化，生活完全不能自理。朱清章的生活一落千丈，他的家陷入了前所未有的困境之中……

挣扎于痛苦之中的朱清章一筹莫展，除了逼走善良的未婚妻，他还能做什么！

未婚妻离开后，朱清章好些天茶饭不思，但悲痛解决不了问题，他要忘记他们的美好记忆，他必须振作起来，父母还需要他来照顾。

秋来暑往，冬去春归，朱清章每天悉心地伺候父母。

父亲的脾气越来越暴躁了。

朱清章知道，父亲是无法容忍自己瘫痪在床的样子，他懊恼身体垮了，他生气再也没有能力为妻儿遮风挡雨了，他愤怒自己竟成了儿子的负担。

每当父亲发脾气时，朱清章或是静静地听着或是躲在角落里默默地流泪，从父亲歇斯底里的叫骂声里，他体会到了一种常人无法体会到的极端而沉重的爱，这份缠绵着心痛和血泪的父爱刺痛着他作为人子的柔软的内心。

“父亲是个劳作惯了的人。他很小就没了父亲，还有三个兄弟。打小起，父亲就开始到处找活干，为了养家，长工、短工都干过。他吃过很多苦，是的，他真的吃过太多的苦……”提起父亲，朱清章老人的声音低沉得近乎喃喃自语了。

20 世纪 60 年代，国民经济困难时期，为让正在长身体的儿子吃得饱一点，朱清章的父母拼命节省，一日三餐，父母只喝稀疏的菜汤。但很快，他们连菜汤也喝不到了，家里的粮食更是所剩无几。为了给一家三口寻找活路，也为给儿子多留出一份口粮，父亲逃荒到千里之外的什桂图矿区，成了一名煤矿上工人，并把妻儿都接了过来。从来到什桂图的那天起，父亲和工人们就开始修铁路、掘矿井、建学校、盖住宅，几年的时间，在大山深处崛起了一座大型的煤矿，一座崭新的煤城出现在中国西北边疆。

父亲是名副其实的第一代什桂图人。

“老黄牛”，这是工人们送给父亲的绰号。

在长期的劳动实践中，父亲积累了大量的井下工作经验。他多次救护了工友和矿井设备。一次，工人们在井下铺设巷道，突然，有小石子断断续续地从顶板上掉下来，父亲马上意识到这是冒顶的前兆，他带领 50 多个工人迅速升井。工人刚刚升到井上，那处矿井就全部塌方。父亲的机敏与果断，使井下的工人避免了一次伤亡。

还有一次，矿井内电缆突然起火，父亲带领工人们奋不顾身扑向火源，因灭火及时，方法得当，井下的采煤设备得到了最大程度的保护，但父亲的身体被大面积烧伤，在医院整整抢救了三天，这些烧伤为他日后的疾病埋下了隐患。

在朱清章的记忆中，矿上的宣传队每隔一段日子就带着敲锣打鼓的队伍，到他家给父亲颁奖。父亲的奖状，几乎把家里的一面墙都贴满了。

小清章经常骄傲地给小朋友们讲述自己的父亲：这是某一年父亲获得的奖状；那是某年父亲入党后获得的又一张奖状；这是建井工程处援建时父亲获得的荣誉；这些是父亲出席各种表彰会得到的奖章……

对父亲的崇拜日日叠加，父亲成了朱清章的榜样。

“父亲佩戴着大红花，憨笑的样子，我经常想起。没有父亲就没有今天的我，父亲的很多品质直接传给了我，我一生受用。”朱清章如是说。

是啊，还有什么比这样的榜样更有说服力呢！

在那个技术条件还很落后的年代，又加之井下作业危险系数高的行业特点，工作在矿井一线的父亲尽管经验丰富且技术过硬，但他还是不可避免地与各种矿难不期而遇，那满墙的奖状和一枚枚奖章，不仅记录着父亲的付出和荣誉，也记录着父亲在井下多次受伤的不幸遭遇。

一次坍方事故造成父亲腿部肌肉三处断裂；井下阴暗潮湿的工作环境，使父亲患上了严重的风湿病；而火灾事故给他的身体留下了大面积的烧伤，致使父亲的皮肤异常敏感，经常灼痛难忍；用电钻打孔，不断有顶板上的污水和着煤尘、石粉流到伤口，导致父亲的皮肤发炎而溃烂不堪。最后，多病缠身的父亲数病齐发，不得不住进了医院。这是朱清章童年非常心痛的一段记忆，那么高大结实的父亲一下子就病倒了，他感到特别地难过。在小清章心里，父亲就是一棵屹立不倒的大树，永远是他和母亲遮风避雨的港湾。伏在父亲的病床前，看着医生不停地用大大的针管从父亲的腿上抽走一管又一管的脓血，他一脸惊愕。那一刻，他体会到了什么叫恐惧，他恐惧死神会把父亲夺走，他恐惧没有了父亲的未来。幼小的他第一次感觉到，生活向父亲这个辛苦养家的男人背后袭来的彻骨寒凉。

他使劲地抓着父亲粗粝的手，久久地不敢放开。

在医院住了几个月后，父亲身体逐渐恢复，看上去似乎和从前已没什么两样，一家人都很高兴。在父亲的强烈要求下，局领导同意让他回到了原来的工作岗位，也就是建井工程处一线。父亲工作起来比以前更加卖力。但是，一年后的一天，当工人们在更衣室换衣服时，细心的班长发现父亲的手竟然颤抖得连自己的衣服都穿不到身上了。

“朱师傅，你不要命了吗？都病成这样了，还下井，真有你的！”班长训斥道。

工人们扶起已抖作一团的父亲，急匆匆地将他送回了家。

父亲的风湿病再次发作，其他旧病又一并齐发了。

从那一天起，父亲被迫停止井下工作，那些他熟悉的矿山、那些勤勉朴实的矿友，那条他走过了十几年的满是灰尘煤屑的河滩沟煤炭运输通道，这一切都从父亲曾经习惯的生活中退场了。朱清章记得很清楚，那一年是 1973 年。自此，一向勤恳又坚强的父亲变得异常孤独，他经常独自一人站在门前望着远处的矿井发呆，看着工人们从井下归来，父亲的眼里溢满了失意和落寞。父亲曾是一位强者，身躯高大，四肢健硕，意志力坚强，他是矿上人人敬仰的劳动模范，他是出了名的机敏果断、经验丰富的技术工人，他还是名优秀的共产党员。可谁料，他竟成了眼下这般模样，在父亲心里他还有太多的事情没做呢！他的情绪开始变得急躁，可每天又只能用劈柴、挑水，到矸石山捡煤来打发苦闷的时光。朱清章知道，父亲劳碌惯了，他不适应这样赋闲在家。

然而，父亲的身体已非从前，他的病不允许他再像过去那般劳碌了。

朱清章辍学了。

他去河滩沟二矿当了一名临时采煤工人。

▲ 吊桥一端连着家，一端连着学校

3

煤矿实行的是三班倒。早班时间是上午 8 点到下午 4 点，中班时间是下午 4 点到晚上 12 点，晚班时间为晚上 12 点到早上 8 点。

上班第一天，朱清章被分到早班。

他跟着一群工人，先是在更衣室换上工作衣，接着到门外领矿灯、点名，然后再到会议室开班前会。

会议室设在竖井旁边，里面站满了准备下井的工人。屋里充斥着呛人的烟味，工人们还没下井就已是一脸的黑花。

朱清章和工人们一起穿过阴暗的廊道，来到井口，风机刺耳的轰鸣掩盖了一切，脚下的震颤令他全身都发麻。他紧张地看了几眼身边的工人，大伙脸上的表情异常平静，这让他略微放松了些。

300 多米的直井，一分钟就从地面降到了井底，他的心一下子提到了嗓子眼，感觉只要一张嘴，心就会立刻飞出口腔。

这是朱清章第一次下矿井的体会。一分钟穿越 300 米，那到底是一种什么样的感受？没有在井下工作过的人是永远都体会不到的。煤炭采掘危险系数高，工人们每天下矿井，他们都不知道能不能活着回来！回来了，再下去，还是一如既往对明天的命运充满了未知。直到那一刻，朱清章才真正懂得了父亲所从事的劳动，懂得了煤炭工人，懂得了他们对家庭、对国家所担负起的责任。

在那样一个科技和生产技术都还相对落后的年代，工人冒着生命危险在地下采掘，小而言之是为生存和生活，大而言之是为祖国建设做出了他们应有的贡献。什桂图煤矿为包头市工业发展输送着源源不断的燃料，那里曾是包头经济发展的加油站。

下午 4 点，朱清章和工人们从黑暗的井下升上阳光灿烂的地面，走出风门的一刹那，一种重生的感觉油然而生，他有一种想哭的冲动。

“没有什桂图，就不会有身后那座包钢！”这是当地人经常说的一句话。从井下归来后，朱清章深深体会到了这句话的丰富内涵。

母亲很快发现了儿子的变化。儿子的脸怎么变黑了？饭量比从前大了很多，一进家就喊饿。母亲有些不解，但她想，可能是儿子还在长身体吧！

是父亲最先知道儿子已经辍学了。

一天，父亲在院子里修理一把破旧的椅子，他之前的一个矿友走了进来。

矿友问：“老朱，最近身体咋样？”

“不比你们了，我现在每天只能干这些鸡零狗碎的活儿了！”父亲遗憾地摇着头。

矿友说：“老朱，真是虎父无犬子，你有个好儿子！这才下井几天，到底是年轻，有力气，脑子也灵活，那孩子出息着呢！”

听了矿友的话，父亲像是被人猛推了一把，他一个趔趄差一点跌倒在地。儿子下井？儿子到井下工作了？他不上学了？

傍晚，朱清章回到家，只见母亲坐在门前，泪眼汪汪地叹着气，父亲则气哼哼地坐在藤椅上一口接一口地抽着烟。见他进来，父亲拿起拐杖向他扔了过去，他没有躲闪，拐杖重重砸在他的额头上。

他知道，这一天迟早都会来的。

父亲青筋直暴，眼眶发红，对着他大吼道：“你个逆子，你长本事了，翅膀硬了是不是？你竟敢瞒着我不去上学？”

父亲从没发过这么大的火。

“爸、妈，我是你们的儿子，对这个家我也负有责任。你们可以打我、骂我，但学校我是不回了，我要挣钱养家。”他跪倒在父母面前。

那天，从朱清章家里第一次传出母亲的哭泣声和父亲的责骂声。儿子辍学去下矿井，这对于他的父母来说，是一个沉重的打击。可家里这种情况，作为他们的儿子，他还有别的选择吗？

他不能眼睁睁看着这个家就这样下去。

第二天，母亲很早就起来给儿子做饭，儿子最爱吃她包的馄饨，井下劳动那么累，一定得让儿子吃得好一点！

父亲也早早地坐在饭桌前，道出了一肚子不像是他能说出的话：“这么多年了，矿上还在吵吵，搞运动，安全管理成了一句空话。在井下干活，要灵活，什么时候都不能大意。管风、防水、防瓦斯、看顶板，下井的人都要懂。风是命、水是病，第一就是要管风，第二就是防水。倘若敲击顶板时发出咚咚声，那是坚硬的好顶。如果发出嘭嘭声，那是要冒落的零皮顶板声。淋头水增大、煤壁挂红发暗，说明顶板的压力太大。水叫、水涩，是将遇老塘空水的兆头。井下的温度突然升高，顶板有水珠，有煤油味，是马上要自燃发火的情形。咱们矿的安全措施本来就差，这些年又没人管理，一旦发生水、火、瓦斯事故，一定就是井毁人亡……”

父亲那天对他说的话，在之后的日子里，又对他说过很多遍。他牢牢记在心底，一生都不敢忘。朱清章知道，父亲把对他的爱都放在这些话里了。

朱清章工作起来很努力，像父亲一样，他勤劳肯干、技术又好，是班上出煤量最高的工人。没过多久，他成了河滩沟二矿的一名优秀工人。

年轻的朱清章能说爱笑，他所到之处，总是充满欢声笑语，班上的几十个弟兄都喜欢这个务实又不失幽默风趣的小兄弟。

家里的生活又回到了父亲生病前的状态，因朱清章失学而笼罩在父母心头的阴霾也渐渐地散去了。

河滩沟二矿是包头矿务局的先进矿，尽管还有一矿、三矿、四矿、大发、大瓷、白狐沟等矿井，但矿务局 70% 的生产任务都由这座矿负责完成，二矿每天出煤 700 多吨，这在那个年代是一个非常惊人的产量。

2015年夏天的一天，我来到河滩沟二矿，空荡荡的街区，人迹罕至，飞鸟在废弃的楼宇间穿行，翅膀掠过处，惊落一地灰尘，迷蒙一片。望着封闭搁置的矿井和高高耸起的输煤塔，已经物是人非的什桂图，令人唏嘘不已。这座坐落在中国大西北的乌金之海，曾是父辈和朱清章以及千千万万煤矿工人为之奋斗一生的地方，而今，我却只能在脑海里想象它几十年前的繁华与沸腾了。

同一天，朱清章老人带我来到包头市民馨家园张永贵班长家。

回忆起河滩沟二矿，两位老人满脸的自豪。

“当时，二矿是包头矿务局乃至全国的先进矿！”

“什桂图有那么多矿，我们矿的煤产量最高，每层都是14米厚的煤层！”

他们像孩子一样跟我讲起当年那热气腾腾的生产场面。河滩沟二矿，那座曾经承载着他们热爱、艰辛、青春与奋斗、光荣和梦想的不朽矿山，是他们生命中永不消逝的番号。

采访时，张永贵班长家来了两拨人。老人告诉我，这些人都是矿上的职工，现在退休了，就互相串个门、聊聊天。老人讲到，当年一起来到什桂图的朋友和老乡，因为被分到不同的矿井，有的已经很多年不见，现在好了，大家都搬进民馨家园，也就能经常遇见了，大家在一起很是聊得来。眼前这些老人，他们笑容淳朴善良，眼睛里写着安详与知足。当问及他们当年的生产生活，他们抢着回答那时矿上的情景，语气里有追忆、有欢喜，亦有哀婉和感伤，但你能明显感觉到，在他们言语里更多的是欣慰和自豪，为奋斗、为青春、为那座镌刻着他们汗水与泪水的“煤海之乡”。他们中有的人经历过瓦斯爆炸，有的人是冒顶事故的幸存者，有的人患过煤吸肺，有的人是差点在二次瓦斯爆炸中丧生的救护队员，还有的人是遇难矿工的家属。他们或是他们的亲人在那座曾经沸腾不息的矿山掘井、打巷道、采煤、通水、通电，一生辛苦，但在他们脸上，你很少看见悲戚与伤感，这些老人热情而质朴地生活着，安稳的神情中流露着心灵的和谐和满足，他们是第一代什桂图人和第二代什桂图人集体精神的写照。如今，这些朴朴实实的矿山人被政府安置在民馨家园，与亲朋老友一起安详恬静地地活在当下，追忆着那早已与他们融为一体的遥远的什桂图。

▲ 霞光中的矿井

4

父母病倒后，朱清章工作起来更加卖命了，这份工作是他一家三口唯一的经济来源。和别人不同的是，他不仅要努力工作，还要照顾病重的父母，可他分身乏术，常常是顾了工作顾不了家，顾了家又顾不上工作。

每天升井后，他就赶紧回家照料父母、去矸石山捡煤、上山打柴。开门七件事，柴米油盐酱醋茶样样都得想到，这对于一个没有任何生活经验的年轻人来说，实在是难以想象。更何况，他伺候的病人一个是半身瘫痪，一个是植物人，其艰难程度更是非比寻常。

一直是衣来伸手、饭来张口的朱清章，生活要从头来过了。他开始学着做饭，努力回想着母亲蒸窝头的过程，可自己蒸出的窝头却又黄又硬，根本咬不动；蒸米饭，水不是放多就是放少；炒菜不是咸就是淡，没有几次是可口的。

照顾瘫痪病人，尤其是照顾植物人特别需要耐心。母亲吃的是流食，他得先把菜煮熟，过滤掉渣滓，把菜糊糊与熬好的玉米糊糊拌在一起后，再喂给母亲，给母亲喂饭，一定要把母亲的头垫高，否则就会呛到气管里，引起窒息。

一开始给母亲喂饭时，因为不熟练，他经常被喷一脸饭，后来日子久了，他才慢慢熟练起来。

除了照顾父母的饮食，每天，朱清章都要给父母亲换洗尿布、擦全身、泡脚、梳头、剪指甲等。换下的尿布得先用洗衣粉洗干净，然后再加些来苏水重新清洗，只有这样做，父母亲的皮肤才不会被感染、起痱子、生褥疮。另外，最重要的是要坚持每天给母亲进行全身按摩，疏通经络，以促进体内血液循环，这样才能避免母亲肌肉继续萎缩下去。

为节省医疗费用，也为了让父母得到更好地照顾，朱清章开始起早

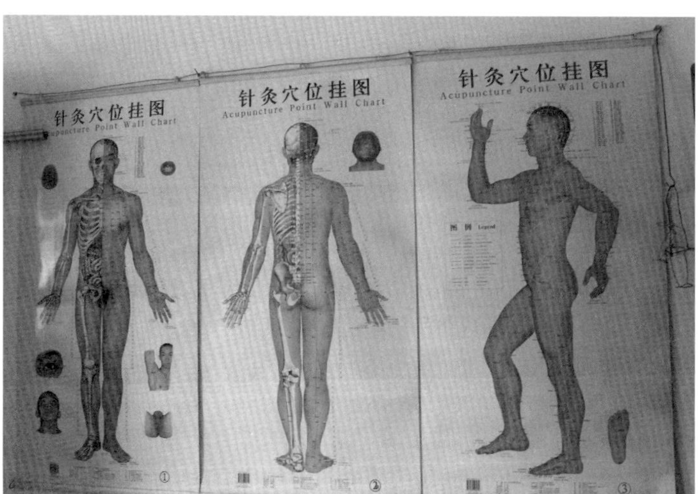

◀ 这几张人体穴位图至今还挂在母亲的卧室

摸黑地看医书。他把人体穴位图挂在墙上，仔细揣摩研究，通过在自己身上反复练习，他掌握了针灸技术；按照护理知识所描述的护理常识和技术，朱清章又学会了导尿、灌肠、注射等。凭着这种聚沙成塔的刻苦精神，他学会了用科学的方法照料父母，二老的生命在儿子的精心呵护下一天天延续下来。

其实，母亲昏迷时并没有痛感，但在给母亲输液扎针时，他还是担心扎疼母亲，只能用自己的手来试，反反复复地试，他不知道在自己的手上扎了多少针，流过多少血。他说，只要一想到能让母亲好起来，他就感觉不到了疼痛。

现在，朱清章老人一旦患上感冒发烧，都是自己给自己输液，其熟练的操作技术堪比一个优秀护士，这些都是多年前他在护理母亲的时候自学的。

老人的手上至今还留着一些杂乱斑驳的疤痕，这是他作为人子孝行的见证。朱清章说，孝敬父母，天经地义，这是他的本分。这是最好的答案，“本分”二字透着温度，看似简单，其实是一种境界和高贵。孟子曰：“孝子之至，莫大乎尊亲。”孟子又曰：“事亲，事之本也。”而挚虞则曰：“事亲以敬，美过三牲。”道德千古事，父母惟其疾之忧，谁言寸草心，报得三春晖。只要是能为父母好，他都会义无反顾地去选择、去承担。

巍巍大青山，山山环绕，奇峰绝壁。朱清章老人说这座山是他的福祉。

大青山里的植物、动物以及季候特征，朱清章都非常熟悉，他能凭嗅觉锁定动植物所在的位置，通过听觉判断风霜雨雪来的时间和方向。那些年，父母病重，朱清章背着背篓进山采药的镜头为当地的矿工和家属人人熟知，他能辨认出黄芪、党参、柴胡等上百种药材，并对这些药材的功效了如指掌。母亲感冒，他就把采来的金银花焙干后，煮水给母亲喝；父亲便秘，他把配置好的番泻叶、鸡血藤、车前子等药材熬给父亲喝。他想尽一切办法减轻父母的病痛。

包头被称为鹿城，什桂图是有森林的地方，这里曾是北方游牧民族的故乡，生态很好，大青山腹地到处有獾子、松鼠等出没。为给父母增加营养，朱清章一有闲暇就进山套野兔、山鸡、野猪。他把套回来的战利品烹调好，然后再一勺一勺地给父母喂下，看着父母吃得香甜，他感到无比的幸福和满足。

然而，对于他来讲，工作一直是未能解决的一个难题。河滩沟矿的工人原本从临时工人转为正式工人只需要试用半年的时间，但朱清章因为每天要照顾瘫痪在床的父母，迟到早退次数过多，考勤总不合格，3 年临时工后，他的转正还是没有半点的希望。跟班队长张存祥很生气，两人还为此大吵过一次。

张存祥记得，朱清章刚来煤矿上班时，每天一脸阳光，工作起来勤奋卖力，是班上的佼佼者。可现如今，这个年轻人像完全换了个人似的，他不像原来那样有说有笑，干起活来也不再像原来那么起劲，作风拖沓，无组织无纪律……

朱清章变化太大了。张存祥想找他谈谈，但朱清章每天闷头不吭，没有一点主动配合的样子，这让张存祥更加生气。

那时，经常有些不三不四的年轻人到处闲逛、滋事。

“莫非，这孩子也学坏了？”想到这，张存祥突然感到一阵紧张，脑门冒出了一层细密的汗珠。

“这学好难、学坏可容易着呢！看看这些不学无术的熊孩子，多带害人！”张存祥攥紧拳头狠狠地朝身边的桌子砸去。

张存祥决定对朱清章做一次家访，他要“挽救”这个年轻人一把，无论如何，他不能眼睁睁地看着朱清章走下坡路。

第二天，下了班，朱清章工衣都没顾得上脱掉就急匆匆地朝家里走去。父母还是早上7点吃的早饭，中饭也没吃，现在已经是下午4点多，他们一定已经饿坏了，二老身体本来就差，总这么上顿不接下顿，父母怎么能撑得住，他越想越急，小跑着向家里奔去。进了家没来得及进里间看父母一眼，他就叮叮当当地开始做起饭来。

里间传来父亲接连不断的咳嗽声，他感到阵阵心酸。

“爸，饿了吧？马上就好！”

朱清章像陀螺一样，在厨房里忙碌着。

眼前的这一切，被悄悄尾随而来，站在窗外的张存祥队长看得一清二楚。张存祥，这个在困难面前很少低头的张硬汉，那一刻，他的眼睛湿润了，他被眼前这个“家”给吓着了。他怎么也想不到，这个貌似倔强又不守纪律的年轻人，竟然独自一人承受着这么重的负担。

张存祥的心像是被什桂图的西北风狠狠地刮过了一样，疼得接连打了几个寒颤。他自责他作为队长竟如此失职，如此不负责任，自己班上弟兄家中发生这么大的变故，他不仅一无所知，并且还在不了解事情真相的情况下，对弟兄横加指责和训斥，他甚至还怀疑这个年轻人的品质堕落了、学坏了。与此同时，他也生气，生朱清章的气，这小子太倔、太要强了，家里出了这么大的事，父母都病成这样了，他吭都不吭一声，任由他误会、责怪。

看着朱清章像哄孩子一样照顾瘫痪在床的父母吃饭、喝水，他的眼泪再也控制不住地流了下来。

张存祥没有打扰忙碌的朱清章，默默地离开了。

他的心像灌满了铅粉，沉重得透不过气来，朱清章每日匆匆忙忙的影子不断闪过脑际。徘徊在崎岖的山路上，不知不觉中，张存祥抽光了兜里的大半包烟。太阳已经下山了，大青山顶的流云渐渐被一抹抹青红相间的云霞所替代，天色逐渐暗淡下来，从朱清章家飘出的一点点昏黄的灯光，混着暮色的苍青，微弱中溢满了悲凉。

张存祥决定为这个年轻人做点什么。

他甩开健硕的双臂，踏着暮色向矿务局办公室走去。

之后的日子，朱清章还是避免不了地经常迟到早退，可是，张存祥却再也没训斥他，反而还对他说，有事就请假，不要硬撑着。朱清章觉得很纳闷，虽然，队长说起话来还是一副不苟言笑的样子，但他感觉队长还是有点变化，似乎比之前友善了些。当然，对于队长，他还觉得很过意不去，毕竟迟到和早退都是违反纪律的事。

有几次，朱清章迟到下井，看见张存祥队长站在巷道上指挥工人们干活，他很想对队长说声对不起，为自己那么多次的不守时，为那天和队长大吵大闹，但队长像什么事都没发生一样，这让他不知道如何是好。

“赶紧过去搭把手，他打眼那个位置不对，大家都注意安全啦！”队长喊道。

朱清章只好放弃道歉的念头，按着队长的吩咐，很快进入工作状态。

两个死要面子的矿山汉子就这么矜持着、硬撑着，一个始终没有道歉，一个始终没接受过道歉。直到多年以后，他们也没有敞开心扉聊一聊这段往事。

沉默并关怀，这也许就是心照不宣的矿山人情怀吧！

又过了几天，下班后，朱清章正准备回家，有人跑过来告诉他：“连队刘书记叫你去他办公室一趟，现在就去，急事！”

朱清章忐忑地走进刘书记的办公室。

“小朱，家里最近怎么样？父母好些了吗？” 见他进来，刘书记亲切地问。

朱清章迟疑地点了点头，算是回答。

他有些纳闷，这没头没脑地叫他来做什么，刘书记怎么会问起父母的事？他怎么知道父母生病的事？

刘书记说：“小朱，你的情况，张存祥队长已经向我汇报过了。”

朱清章心里一惊：局里莫不是要开除我？张队长，他这是秋后算总

▲ 深山腹地的煤矿

账啊！

“你父母得病的事，局里都知道了，这是我们的失职，是我们工作没做到位，请接受我们的道歉！”刘书记站起来，给朱清章深深地鞠了一躬。

“刘书记，这可使不得，这怎么能怨你们？”朱清章不知道说什么是好。

刘书记接着说：“小朱，矿里对你工作的事很重视，我们向局里打了报告，局领导很关心咱矿上职工，特批准，从这个月起，你就是河滩沟二矿的正式工人了。小朱，你一个人照顾父母不容易，以后有什么困难，就跟张队长说，跟局里讲！”

朱清章晕晕乎乎地走出刘书记办公室。

同班的十几个弟兄都站在门外，见他出来，弟兄们一起冲了过来，将朱清章举起抛向空中，落下再抛起、抛起再放下。开心的笑容漾满弟兄们熏黑的脸庞，他们用最单纯、最质朴的方式庆祝他转正。朱清章不经意回头望了一眼，他看见张存祥队长正转身离去。刘书记站在窗前，隔着玻璃望着他们微笑。

他终于成为一名正式的煤炭采掘工人。3 年来，他一边伺候瘫痪的父母，一边上班挣钱养家，他想两头都兼顾，结果却是哪边也没照顾好。和他一起参加工作的工人都转正了，看着大家拿着比自己高出几倍的工资，他心里七上八下。

“清章，跟队长说说，你家里情况这样，矿里会特殊情况特殊对待的。”好心的矿友不止一次劝他。

“还是不说了，这是我自己的事，我不能搞特殊！”照顾父母是自己应尽的责任和义务，他怎么能给矿里添麻烦呢！

“你这个倔脾气，那你就等着吧！”矿友无奈地摇着头。

一旦跟班队长不在，经常有人悄悄对他说：“剩下的活，大伙帮你干，你早点回吧！”每次听矿友这么说，他都感动得想哭。

有时，朱清章也会感到委屈，尤其是因为迟到或早退遭到训斥的时候，他也想像其他工人一样按时上下班，他有苦难言。他想过一走了之，可他又不能失去这份工作。

“都过去了。谢谢你们！爸、妈，你们儿子是咱矿上的正式工人了。”朱清章感觉像是做了一场梦。

他要马上回家把这个好消息告诉父母。

不知什么时候，矿区的天空飘起了小雨，矿办公楼后的空地上，不知名的花儿争奇斗艳，远处，大青山翠峰如簇。矿上高音喇叭正在播放着歌曲《咱们工人有力量》：

咱们工人有力量！
嘿！咱们工人有力量！
每天每日工作忙，
嘿！每天每日工作忙，
盖成了高楼大厦，

修起了铁路煤矿，

改造得世界变呀么变了样！

…………

这一天，是夏天，有苍青如黛的马鞍山为证。

这一年，是1977年，有永不被篡改的温暖记忆为证。

自此，朱清章成了一名正式采煤工。他已经在什桂图河滩沟矿区生活了15年，他还将继续生活在这里，直至多年后的2010年，若非整个矿区居民整体大搬迁，他将终其一生生活在那片土地上。

张存祥队长，这个内热外冷的煤矿汉子，现如今已经是年过古稀。2015年夏天，我在滨河新区见到他时，他坐在摇椅上，一脸的安详，朱清章老人蹒跚地跑上前去，深情地拥抱他，阳光铺洒在两位老人身上，折射出一缕缕温暖的金黄。

▲ 输煤塔

5

1977 年，朱清章成了河滩沟二矿一名正式采煤工人，像父亲一样，他也工作在采煤一线，虽然辛苦且危险系数很高，但是在收入上有了很大改观。他工作起来劲头更足了，除了每天下矿井，伺候卧病在床的父母，趁着空闲，他还是去矸石山捡煤和打猎。

朱清章生活异常节俭。每个月，他把供应的粮油领回来，再买回一袋盐、一斤酱油、一斤醋就可以了，他把省下来的钱全部用来还债。在母亲的枕头底下，放着一本皱巴巴的账本，每次发了工资，他都在上面划掉一个或几个人的名字。至今，这个账本还存放在朱清章家里，泛黄的账本上密密麻麻地记着为给母亲治病所借的每一笔钱。朱清章说，他乐见账本上每笔账后“已还清”这几个字。

上班，下班，伺候父母；伺候父母，上班，下班，这几乎是朱清章生活的全部内容。

单调容易养成习惯和秩序，但一味的单调也容易让人绝望。

从1975年到1979年，在平常人的日子里，4年只是1400多个日夜而已，但在朱清章的心中，这4年的光阴却异乎寻常的漫长。4年以来，朱清章自学了很多医学和护理常识，到处求医问药，不停地换着针灸、汤药、按摩、寻找偏方等为母亲治病。他每天都在和母亲说话，希望母亲能听见他说话。他曾对医生的诊断结果万分的不服气，一直倔强地以为只要细心呵护照料，母亲就一定能醒过来。可4年过去了，母亲却从来没给过他一点点要醒来的暗示，母亲沉睡依旧。

而父亲的病，却在反反复复中变得愈加严重。

渐渐地，朱清章开始感觉到绝望。

他在问自己：父母真的能好起来吗？我还能撑多久？

又是一个傍晚，朱清章拖着疲惫的身子从矿里回来，发工资了，他买了一条鱼。

忙活一个小时，鱼炖好了。

“爸，今天，咱们吃鱼！”

父亲含糊地说：“不饿……”父亲已被病魔折腾得形同枯槁。

他强忍着眼泪，把头转向母亲。

“妈，今天给您改善生活，咱吃鱼喽！”他边说边扶起母亲。

“妈，这是您爱吃的鲤鱼……”他把一小勺炖得泥一样的鱼肉喂给母亲，紧接着又把半小勺汤送进母亲嘴里。

“妈，您是不知道，现在咱们矿区一到晚上，到处都是灯光，跟白天似的！这儿的人越来越多，又要盖新房子了，盖大楼，比我们住的楼要高得多呢！”

母亲把喂下的鱼都吐了出来，流得到处都是。

“妈，儿子就不信您会这么一直睡下去。这些年，我就一个愿望，盼着您醒，盼着我爸好起来。”他又把一勺鱼肉放进母亲嘴里，紧接着把半小勺汤喂进去。

母亲又把刚刚喂下去的鱼肉吐了出来。

爸、妈，你们什么时候才能好起来！他心里呐喊着。

他真的快坚持不住了。

他不怕苦不怕累，怕的就是眼前这样的情形，母亲一直毫无知觉地沉睡，父亲的病情还在不断地恶化。

俗话说：病急乱投医。请巫师，成了濒临绝望的朱清章最后的希望。

三个巫师被请来了，他们个个仙风道骨，看起来都本领高强。三人还没进门，就已经手托罗盘勘定了四方的吉凶。待进了门，巫师们连连惊呼，说是妖狐、魔狗和巨蟒勾走了母亲的魂魄。朱清章吓得起了一身鸡皮疙瘩，他哀求三位巫师快快做法，赶跑妖孽。巫师们开始施展法术：念咒、画符、焚香、舞剑，群魔乱舞般地在空中劈刺，驱赶着魍魉。他们累得满头冒汗，呼呼直喘。朱清章紧张地盯着母亲，母亲没有一丝反应。他跪在地上恳求三位大师一定要救救母亲，巫师们神神秘秘地嘀咕了一阵儿，然后，他们一致摇头说道：“勾走你母亲魂魄的妖孽，已有3000年的道行，凭我们三个人的法力，根本降不了它。”

“大师，求求你们，你们行行好，你们一定有办法救我母亲！” 朱清章苦苦相求。

可巫师们都不愿意再停留，收拾起法具掉头走了。

巫师都驱不走的妖精，那得有多厉害！朱清章又急又怕，束手无策时，他听邻居说朱砂和钢针能降妖辟邪，于是，他跑到商店买回了几百根钢针和一盆朱砂。他相信了巫师们的话，一定是妖精控制了母亲的魂魄，她才长睡不醒。而且，经过巫师这次做法，妖精很可能已被激怒，他们必来报复，父亲也会连带遭殃。他已没有退路，他要和妖精们拼了！

朱清章想起小的时候妈妈给讲的鬼故事和《聊斋志异》里的鬼魅，妖精大多都是在后半夜才出现。于是，从巫师走后的那天晚上开始，每晚当子夜的钟敲响后，他就赶紧把灯关掉，他想那三个妖精一定就在周围游动，并且它们正伺机潜入母亲的房间。他越想越紧张，最后，他不得不用被子蒙住头继续等着妖精前来就范。

可是，妖精一直没有来。

连续几整夜的等待，他感觉有些累了，白天上班时，总是一脸疲惫恹恹的样子。

“要不就请假歇几天！”一位好心的河南矿友说。

“孩子，总这样也不是个事，你一个人又伺候老人又上班，咋能吃得消，找个女子成个家吧！”一位年老的师傅劝道。

朱清章像没听见一样，他在想如何才能把那三个妖精制服。捉妖，是他眼下最重要的事。

又一个夜晚来临了，朱清章握着朱砂和钢针守护在父母身旁，他的心怦怦怦直跳，手心也出了汗，精神依然处于高度紧张的状态。这一夜，狂风刮起，门窗不断地发出啪啪的声响。这时，邻居家的狗狂吠起来，紧接着，门咿呀的一声被打开一条缝隙，夜风卷着月光挤了进来，一定是妖精来了。他一个激灵从炕上爬起，抓起钢针和朱砂向四处撒去，一把、二把、三把……

他已接近疯狂。

房门被完全打开了，冷风裹挟着月色扑进房间里，一片混沌。那感觉就像一片幽暗的怪树林突然横在夜行人眼前，一棵棵没有任何衬托没有枝蔓，甚至连扎根的泥土都没有，横生乖戾，让人望而生畏，窒息和迷乱。突然间，轰隆一声，他的小腿被重重地压住了，他拼命地大喊："妖精、妖精！"他觉得妖魔已到他面前，向他伸出了手，他紧张的心快跳了出来。

慌乱中，他摸到灯绳，一拉，断了。他又去摸手电筒，可不知妖魔又把什么东西打翻了，一阵金属撞击的声音。

灯，终于亮了。他恐惧地望着四周，搜索着妖精的藏匿之处。

屋里已经是狼藉一片，板凳倒了，盆里的水洒落一地，地上到处是他抛撒的钢针和朱砂。再看看炕上，柜顶的一大包书掉了下来，是这些书压住了他的腿。

折腾了这么长时间，他已彻底没有睡意。

朱清章走出家门，已是深秋，矿区的风鼓荡在山谷里，发出呜呜的怪叫声，门前的两棵桃树在风中哗哗作响。天边，泛着冷光的月亮忽隐忽现地游走在山坳里，遥远处，大青山苍茫无边，马鞍山一片黝黑，白日里蓝幽幽的峡谷和沸腾的矿山，此刻也在风中沉睡了。

孤独，在这个捉妖的夜晚向他重重袭来；绝望，已将他最后的坚持彻底压垮。朱清章已没有一点力气，身心疲惫的近乎崩溃了，他决定痛痛快快地去解脱，去另外一个世界等着父母。

朱清章流着泪，喝下一瓶高度白酒之后，踉踉跄跄地登上了他家后面的高山，山上树影鬼魅婆娑，远天星月低垂，山下自家后窗户透出的如豆的灯光萤火一样飘忽在朦胧的夜色中，黯淡、凉薄。

他跪在山上与父母道别。

“爸、妈，对不起！儿子就要走了，请你们原谅儿子的不孝！儿子真的撑不下去了，我太累了……”撕心裂肺的哭喊声回荡在群山之巅。

他想让母亲重新站起来过正常人的生活，他不怕苦，他想尽了一切可能治疗好母亲病的办法，他甚至还相信了巫师的话，可最后还是没能让母亲脱离病魔的折磨。他把头埋进臂弯里，大声地哭着，这里是他一个人的世界，没有人能够听到，他想这也是他留给这世界的最后一滴眼泪。跳下去，一切就都结束了，明天太阳升起的时候，这个世界与他再无瓜葛了。

“爸、妈，儿子走了、走了呀！”他痛苦地捶着胸口。

“太累了！太累了！太累了！”也许是多年压抑的结果，积压在他心底的憋屈像火山爆发一下喷发出来。

朱清章走到悬崖边，闭上眼睛，双臂张开，他的身体开始向前倾斜，跳下去就解脱了！

▲ 当年，朱清章曾想从这里跳下去了却一生

就在这时，他突然感觉心口一阵刺痛，山风挟裹着一股巨大的力量，狠狠地把他往后推了一下，他一个趔趄向后退了一大步。

睁开双眼，他愣住了。

他看见早已是植物人的母亲，竟活生生地站在悬崖边，母亲伸出僵直的胳膊挡在他面前。

母亲大声疾呼：“儿子，你这是干什么？你还是我那个不服输、不认命的儿子吗？”

他惊恐地向后退去。

“你是打算一走了事？你就这样把我们抛弃了？”母亲厉声问道。

他后退着，被一块石头重重地绊倒在地。

他蓦地站起来，再抬头，母亲不见了。

在他眼前，只有黑幽幽的望不见底的断崖。

他突然惊觉，凄厉地喊："妈……"

迎着山风，他奔跑在断崖之上，可是，母亲没有再出现在他眼前。从幻觉中惊醒，他想到了家，他要回家，弃崖回家。

"这也许就是心灵感应！是母亲把我从死亡的边缘救了回来，她给了我第二次生命。自那之后，我再也没想过自杀，后来想，如果当时就那样撒手而去，就等于亲手杀了两个老人。"对于那次自杀事件，朱清章老人至今心怀歉意。

"从那时候起，我再也不相信这世界上有什么妖精，我也劝大家都不要信！"谈起那段捉妖往事，朱清章老人郑重其事地对我说道。哪有什么妖怪，他当时是救母心切，才会有那样的举动。从这次貌似荒谬的捉妖经历中，我们体会到的是一个有情有义又走投无路的儿子的拳拳孝心，难能可贵。

当晚，他跌跌撞撞地向山下的家中跑去，他急切地想回到家，回到父母身边。

快到家时，隐约间，他看见迎面有人走过来。

来人问道："是清章吗？"

朱清章向来人走去，原来是居委会的杨大娘。

杨大娘嗔怪地问："黑灯瞎火的，你这孩子去哪儿了？"

"我……我出去转转……"他不敢直视杨大娘的眼睛，结结巴巴地说道。

杨大娘叹了一口气，说道：“大娘知道，你不容易！孩子，你小时候没吃上奶，身体不好，经常闹毛病，你爸妈背着你到处求医。他们待你那真是比亲生的还亲……”

比亲生的还亲，这是怎么回事？

朱清章感到头顶嗡的一声，他顿时懵了。

杨大娘接下来说的话，他一句也没听进去。

他连滚带爬地回到家。

“爸、妈，儿子错了，儿子差一点儿就把你们丢下。是儿子糊涂，愧对了你们的养育大恩。从今天起，儿子要伺候你们一辈子，哪怕前面再苦再难也决不再放弃，哪怕只有万分之一的希望，儿子也要想办法治好你们的病……”他流着泪向父母忏悔。

后来，朱清章从邻居那里，陆陆续续了解到自己的身世，知道父母养育自己的艰辛，他心痛无比。他是朱家的养子，父母却一直对他疼爱有加，视如己出，可自己却差一点就弃他们而去，真是不孝！朱清章没有向父亲打听自己被收养的事，他知道，父母早已把他当成了他们的亲生儿子。

自那之后，朱清章觉得自己真正长大了、成熟了。他要回报父母的养育之恩，他决不再放弃。

无论是亲生，还是领养，父母都已把最好的给了他。爱，在血缘之上！

人们常说：可怜天下父母心。父母的爱最宝贵。其实儿女对父母又何尝不是，情到深处亦无价。

朱清章开始了他积极的生活，无论多苦、多难，他都坚强地挺着，放弃生活就是对父母最大的不敬不孝。直到今天，当你见到朱清章时，你依然能感觉到这是一位生活热情、与人为善、懂得感恩、乐于回报的老人，他的和蔼、善良、憨厚、淳朴都是从骨子里发出来的，很真实，这是他的性格，是父母传递给他的基因。

从德州到什桂图不久，朱清章上学了。每天，妈妈把他收拾得干干净净送到学校。

老师问："朱清章，你爸爸是做什么的？"

朱清章响亮地回答："我爸爸是一线采煤工，我是他们的掌上明珠。"

他在这普通的家庭里快乐地成长。父母的善良给他的成长提供了最丰富的给养。

人们常说，父母是孩子的第一任老师，这句话不无道理。

记得 1962 年，父母亲带着他从德州去包头什桂图。启程的头一天，和母亲娘家同村的小脚老奶奶走了十几里路，给他们送来六个柳树叶的菜团和两小块花生饼。当时正值国民经济困难时期，人们自己都吃不饱，老奶奶却走了那么远的路程给即将远行的朱清章一家人送来吃的东西。母亲含着泪把花生饼和菜团子放在了贴身的衣物里，她要把这些食物留给儿子路上吃。母亲告诉他将来有机会一定要回报对自己有过帮助的人，要回报老奶奶。

这件事在年幼的朱清章心里留下了极深刻的印象。

几年后，随着什桂图矿山开采规模不断扩大，从德州平原的老家又来一批人，他们也像朱清章的父亲一样，来到矿上做了煤炭开采工人。好客的父亲把这些德州同乡请到家里吃饭，母亲向他们打听家乡的变化，打听老奶奶家的情况。从来人的口中母亲得知，老奶奶的儿子患上了很严重的肺结核病，母亲听后非常着急，她走了一宿的夜路，给老奶奶寄去了 40 元钱和青链霉素等药剂。

后来，母亲又去给老奶奶寄过两次钱和药。母亲是个非常节省的人，在生活上一直对自己很是苛刻，她把全家人拼命节省下来的 90 元钱寄给老奶奶。不久后，老奶奶儿子病好了，母亲非常高兴，她说好人一定会有好报。

那时候，全国到处都在学雷锋“毫不利己、专门利人”的精神，做好事，更要做好人的理念，就此扎根在他幼小的心中，并指导着他以后的人生。老奶奶送菜团子，母亲竭力报恩，这些都成了朱清章人生最温暖、最受益的事情。这些看似不起眼的小事，这些小小的感动，都被年幼的他铭刻在心，塑造了他善良、乐于助人的性格并影响了他的一生。

当年，朱清章要纵身一跃的断崖就在他家后不远处。去什桂图河滩沟煤矿那一天，我爬上那座高而陡峭的山峰，老人也陪着我爬到了山上。

▲ 拾阶而上进入煤矿

虽是初夏，阳光却是火辣炙热，山上没有路径，遍山荆棘，我的手被扎破了好几处，钻心得痛，但我还是坚持爬到了悬崖顶峰处。站在山顶，远远地俯瞰着山下那曾经飘荡着如豆灯光的后窗户，还有那已经废弃的煤场、矸石山、断桥和偶尔飞驰而过的从白狐沟方向驶来的运煤车，朱清章的心无法平静。他在山上徘徊，迟迟不想离去，迎着阳光，眼前是马鞍山满目的苍翠；背着阳光，如黛的大青山近在咫尺。

岁月匆匆，三十几年很快过去了，当年那个风华正茂的年轻人，而今已是白发苍苍。他站在高高的断崖之上，忘情地遥望着峰峦叠嶂的群山，泪光闪动。是凭吊那份早已远逝的沉沦与放弃，更是怀念那份由母亲唤回的清醒与坚持。而这座当年为包头钢铁源源不断运送地下乌金的沸腾的矿山，而今沉寂如处子，山河依旧，故人依旧，任岁月游走，换了人间，温情犹在。

6

日子依着时光向前流淌着。

父亲发现儿子变了，他变得热情、变得开朗起来。每天早上天还没亮，儿子就一骨碌爬起来，按时做饭，耐心地给他们喂饭，打扫房间，给他们换洗被褥和衣裳。儿子的厨艺也大有提高，每顿做两种饭，都变变花样，试着调整饭菜的口味，日日翻新，很少有重复。

父亲瘫痪多年，身体的有些机能已经渐渐地退化，但他的听觉却变得异常敏锐。他能够凭听觉知道季节和气候的变换，自然也能凭脚步声听出儿子的苦乐。儿子每天从矿上回到家，脚步声分明是那样疲惫，但只要走到他和老伴儿的房门前，儿子的脚步就立刻变得轻快起来。这让父亲很难过、很心痛。凡为父母者，莫不爱其子。在他身体好的时候，曾听矿上识文断字的人讲过，父母者，人之本，但要其下能养。可眼下，他和老伴却只能拖累儿子。儿子让他感动，他感动儿子对他们的那颗孝心，现在，凡苦事难事，儿子都是自己在默默地扛着，儿子是个懂事的孝子。

每天上班前，儿子总是一遍遍地叮嘱他们要注意的事情；每天下班回来后，儿子又一遍遍地问这问那，生怕他和老伴有什么闪失。儿子脸上灿烂的笑容把他积郁的愁苦都化解了，作为父亲，他高兴儿子的这种变化。儿子每天雷打不动地做时事报道，耐心地给他和老伴讲述外面发生的事。父亲知道，儿子是用矿上发生的那些新鲜事激励他，也是用这样的诉说方式呼唤着母亲。

朱清章希望母亲能够听见他说的话，他希望父母早早好起来，站起来、走出去。

矿区变了，各地建设矿区的人源源不断地集结而来，一个崭新的时代即将开始，草原上的煤矿产业，其实已经跃出蓝图，已经可以触摸到，古老的什桂图正在迎来它真正意义上的变革。他想让父母看到矿山所发生的这一切。

“妈，文革结束了。学校恢复了高考，您要是现在醒过来，儿子也要去念夜大，实现你们当初让儿子读书的夙愿。”

“爸，您不是最关心咱们煤矿吗？那您就快好起来，亲眼去看看矿上现在的技改和革新，看看井下安全措施落实的情况。”

“妈，现在有电视机了，您还不知道那是什么吧？怎么跟您说呢，那是一个能看新闻、看戏的匣子，等您醒来，咱们家也买一台，您不出家门就能看到外面的世界。”

“爸，您要对自己有信心！现在，医学科技飞速发展，再过几年，您和妈的病就都能治好了。”

…………

每当听着儿子讲这些话，父亲心里都非常感动。他心底留下的那个结也渐渐解开了，他仿佛又看到了沸腾在他生命里的河滩沟煤矿。他不想辜负儿子的苦心，他也想重新站起来，走出去，再亲眼看看他工作过的矿山，他想再下一次矿井，下到几百米甚至千米之下的地矿深处，呼吸那熟悉的味道，触摸那发亮的煤层，和它们像老朋友似的再拉拉家常。也许，在别人的眼里，这片煤田只是自然界亿万年沧海桑田凝固成的坚硬物质，但在他的心中，它们却有着高级的智慧、深沉的情感，是生命的活体，预知等待亿万年之后，注定要与人类相逢，它们将再一次被发现和发掘，重现光华。煤块和煤块之间是有语言的，它们操持着人类听不懂的话语，在低声地诉说着大自然和人类的密码。每一处煤田，都在固守和找寻属于自己的命运。当一处煤田被开采，当每块煤炭被燃成灰烬，他相信它们也参与了祖国建设四个现代化的生动表达。

但是，他真能如儿子所期盼的那样重新站起来吗？每每想到此，他整个人就好像被投掷到一个漩涡中，被一股巨大的洪流裹挟着，离两岸越来越远，刚被唤起的热情很快就被绝望的洪水湮灭了。

父亲深知这一切只是幻想，最多只能算是他生命的渴望。他知道自己再也站不起来，只能成为儿子的负担和拖累，他只是在苟延残喘地活着。这么多年，他之所以能从病痛中苦熬过来，是对儿子放心不下。儿子自从上次打算自杀之后，变化很大，这让他感到很是宽慰。儿子又闯过一道难关，变得更加坚强了，即使他和妻子现在撒手而去，他们也能放心地闭上眼了。

父亲想结束自己的生命已经“蓄谋已久”，为减轻儿子的压力，他决定要带着妻子韩福珍一起走。于是，趁着儿子去上班，他与妻子“商量”，妻子虽然没有回应，但他相信她能听见，并且妻子一定会同意和他一起离去，他知道她比他更心疼儿子，他们要一起给儿子留下一个轻轻爽爽的家，一个没有他们拖累的未来。

“老伴，咱俩躺了太长时间了，还要这么躺下去吗？我知道你心疼儿子！儿子为了咱们熬得头发都白了一半，他还不到三十岁，儿子他不易！”

“老伴，自从你跟了我，咱们就很少分开。现在要走了，还得一起上路。你不要怪我心狠，我是怕自己走了，留下你可怜，儿子更可怜！”

“老伴，今天咱们就走，我让儿子给咱们收拾干净，穿戴整齐，然后咱们就一起体体面面地上路。”

这一天，父亲不再愁容满面。因为他马上就要与妻子韩福珍告别内疚，有尊严地离去。没有了他们的拖累，儿子就能轻装上阵，全心地去追求属于他的幸福人生。

他主动要求儿子给他洗了澡，换上干净衣服。父亲不再固执，还开口跟自己说了一会儿话，像是又回到了他没生病前的样子。父亲的变化让朱清章很高兴，他觉得这是父亲病情好转的征兆。

朱清章要去上班了，父亲把他叫到身边。

“清章，这么多年，爸妈没少拖累你，我们知道你过得苦，是爸妈对不起你！你也老大不小了，再不解决终身大事就真的晚了，可爸妈帮不了你，你要学会照顾自己。无论将来发生什么事，你都要像现在这样，要挺得住，要高高兴兴地去面对……”

父亲怎么突然对他说教起来了？朱清章感到很是纳闷。看看时间，又要迟到了，他得赶紧走了。

朱清章踏着大步走在通往矿井的路上，这是一条父亲和他共同走过的路，从来到什桂图直至父亲病倒，在这条路上，每天都会出现父亲矫健的身影，父亲铿锵走过的脚步声像美妙的音符，伴着他长大。而如今，父亲再也不能像从前那样行走了。想到这，他的心像是被什么塞满了，堵得他透不过气来。快到矿上时，父亲刚才的叮嘱突然又回响在耳畔，一种不祥的预感掠过心头。他暗想：今天，父亲说话的表情和语气都很奇怪，老人家为什么说那样的话？父亲不会是……

不祥的感觉在他心里骤然剧烈起来。他转身向家中跑去。

嘭的一声，家门被撞开了，朱清章看到让他痛心的一幕：父亲不知用什么办法，把放在柜子上的那瓶安眠瓶拿到手里，正要把嚼碎的安眠药喂给母亲。

见儿子突然回来，父亲一脸的惊愕，握在手里的水杯滑落在地。

“爸，您想干什么？您这是要干什么？”朱清章冲上前去。

父亲痛苦地说：“儿子，你就让我和你妈走吧！我们不能再拖累你了！”

父亲想带着母亲自杀！

“爸，您和我妈要好好地活着，你们都走了，我还能活吗？”

他知道，父亲这样做是出于对他的爱，可这样的爱他不能接受！这样的爱太残酷了！

父亲糊涂啊！

“爸，您要答应我，以后不能再寻短见，您要让儿子放心！”

朱清章苦苦哀求父亲打消自杀的念头。

老泪纵横的父亲挣扎一番后，终于平静了下来。

安顿好父亲，朱清章又踏上前往矿井的路。

他换好工服准备去下井。

就在这时，凄厉的警报声响起。

生活在矿区的人都知道，警报拉响就意味着有矿难发生。什桂图煤田南北两侧均为由太古代片麻岩为主组成的高山地带，山势沿两侧东西延伸，河谷则南北贯穿其间，奇峰绝崖，南北对峙，形成煤田凹地天然屏障，声音一旦传进山谷，就会产生很强烈的回声，刺耳的警报声在山谷里回荡，经久不息的警报声能传到十里之外。每每听到迂回在山谷中的警报声，井上的矿工和家属们会发疯了一样向出事的矿井涌去。

朱清章拼命向矿井跑去，跑去的还有从四面八方聚集而来的矿工和家属。

矿井四周都是人，矿务局医院的救护车已停在井口旁。

女人和孩子的哭声一片，混乱至极。

矿务局领导哑着嗓子安慰不断涌来的家属。

“人啥时候能救出来？俺问你啥时候能救出来？”一位中年女人哭着问。

“我儿子在井下，我儿子还在井下！”老人瘫坐在地。

“我们正在积极营救，请大家放心，我跟你们的心情一样，他们都是我的好弟兄，我们一定竭尽全力地把他们救出来。”矿务局领导焦急万分。

矿井前出现一道厚厚的人墙，无论职工还是家属，都被治安队和消防队挡在黄线之外，人们的悲伤情绪愈来愈不好控制。但他们也只能是焦急等待，等待亲人安然无恙的消息；他们也只能含着泪祈祷，祈祷亲人能从矿井下走出来。

时间一分一秒地过去了，几个小时过去了，十几个小时过去了，几十个小时过去了。白天和黑夜像被拉长的弹簧缓慢地交替着，家属们的哭声逐渐被机器的轰鸣声和愈来愈深的夜色掩盖了，没有人离开，可他们累了，裸露的寒夜里，有的孩子在母亲的怀里睡着了，老人们开始坐在地上打盹。

“上来了、上来了……”井口传来嘈杂的喊声。

睡梦中的人们猛然惊醒，家属呼喊着他们亲人的名字向井口涌去，人群再次骚动混乱起来。

塌方终于被打通，等来的是巨大的噩耗，矿井前瞬间爆发出山呼海啸般的嚎哭。

河滩沟二矿属超级瓦斯、高沼气矿井，煤层贮存条件复杂，多数为急倾斜煤层，有瓦斯突出、折曲、断层、倒转较多。水、火、瓦斯、煤层等灾害普遍存在，生产条件困难，事故亦多。但二矿的煤厚质优，也正是这个原因，二矿承担起矿务局一大半的生产任务。尽管矿务局已对它进行过几次技术改革，也加大了通风等力度，可高危隐患仍然无法彻底解除。在各种矿难事故中瓦斯事故占 30%，死亡人数占各种事故死亡人数的 48%。河滩沟矿为三级瓦斯矿井，有沼气突出的危险。矿井每出 1 吨煤瓦斯为 64091 立方米。而火花是引起瓦斯爆炸的主要原因。

这次又是瓦斯爆炸导致的事故。

事故发生前几天，工作面曾出现了破碎带，瓦斯量又增加。特别是事故发生当天，瓦斯浓度 1.1% ~ 1.15%，最高达 2.8%。在此情况下，该矿采煤二队工人，在炮眼内填炮土甚少的情况下，使用两台放炮器，在统一工作面放炮，造成“枪炮”，产生火花，引爆瓦斯。

救援队在井下统计，已有 14 人当场死亡，还有几十人被严重烧伤，他们个个性命堪忧。

遇难和受伤的工人被抬上来，家属哭喊着扑了过去。他们拼命想越过那道由救援队和公安消防队员组成的人墙，那道人墙拼尽全力阻挡着扑过来的人群，他们不能让家属看到已被烧焦的亲人。

朱清章也被挡在人墙之外，他远远地望着担架泪流满面，遇难的都是和他同一个班上的弟兄。几天前，他们还一起吃饭，一起下井，一起劳动、一起说笑、一起畅想未来、一起想等到有一天钱攒得够多了，他们就衣锦还乡、荣归故里。这些弟兄，他们中有的人刚结婚还不到十天，有的孩子刚刚出生还没满月，还有一个是不满二十岁的临时工，他的父亲因透水事故去世还不到一个星期……

朱清章脑海里回荡着弟兄们的音容笑貌，他无法把那一刻安静地躺在担架上的他们和那些熟悉的不能再熟悉的面孔联系在一起。

刺耳的哭声和熏焦的气味一起向他袭来，他眼前一黑，就什么也不知道了。

醒来的时候，他的眼前晃动着一张煤炭色的脸，仔细一看，是张永贵班长。朱清章欠起身扑进班长的怀里，两人相拥而哭。

几天后，被救出的矿工，又死去了 11 人，这次瓦斯爆炸事故造成 25 人死亡，李栓子重伤经抢救治疗幸存下来，但终因伤势过重，也于一年后去世。

这次事故给二矿再次打上了悲伤的印记，所有亲见这次矿难的什桂图人心里都烙上了一段刺骨的悲哀。多年后，这里的人们依然无法忘记。

灾难中最可怕的还不仅仅是短时间里就消逝去的无数的生命，而是浩劫后因天人永隔永远无法消散的沉重阴霾。

2015 年夏日的一个午后，我陪同朱清章老人来到班长张永贵家。

“老班长，您还记得我不？”朱清章紧握着眼前这位老人的手。

老人迟疑了那么一会儿。

“朱清章，我班上的，你的手被电钻伤过……”老人不由分说地抓起朱清章受伤过的手。

“那血流的！”老人心疼地说道。

张永贵和朱清章回忆起当年的事。

朱清章老人说，班长在井下工作了34年，在他的班上很少出现安全生产事故。张永贵年轻时，巷道上300斤重的支柱，他只要用力晃几下，立刻就能知道支柱有没有立好，业务能力和经验都是没得说。

“老班长办事丁是丁卯是卯，一点不能糊弄。班上的人没有没挨过他训的，他就那么个刀子嘴豆腐心，纸老虎！”朱清章老人像是在跟我们讲述他的亲人。

过了一会，张永贵班长的反应变得迟钝起来，说话不像我们刚一进来时那样流畅了。我正纳闷，张永贵老伴悄悄对我说：“前年，老头子得了脑梗，差点要了命，病好后，反应慢了，过去的好些事，他都想不起来了，这不，又断片了！”

张永贵沉默着，没做回应，只是有些焦躁地来回走着，从他脸上流露出的表情和他略显不安的脚步中，我们知道，他又想起了那场不幸和那场不幸中的人。

遗忘可以被选择，但很多事终将不能彻底被遗忘，因为经历的人还在。

张永贵班长虽然患过脑梗，他的有些记忆已经被切割成了片段，但对那次瓦斯爆炸他始终不曾真正的忘记，那是他一辈子都忘不掉的伤痛。那些遇难者的姓名，他更是记得很清楚，他们都是与他生死与共的弟兄！

26个活生生的人，就在张永贵眼皮底下没了。这些年，他心里从来没有彻底放下过。

出事的那天，张永贵的身旁哭声一片。救护队用了整整三天两夜才把塌方打通，人往上抬的时候，天空飘起了雪花，熏黑的矿山镀上了一层肃穆的洁白。

张永贵老人说，整整一栋楼的女人，顷刻间，都成了寡妇，那栋楼因那次瓦斯事故被称为“寡妇楼”，男人没了，女人们上有老下有小，跪在矿上那个哭，哭得他都想替那些弟兄去死，可人是哭不回来了。出殡时，几个老人当场就晕过去了，白发人送黑发人，这搁谁身上都受不了，死的走了，活着才叫难，他有一年的时间都不敢从那栋楼前经过。后来，他还是忍不住去了一趟，楼空了一半，他那心像被锥子扎了似的……

张永贵陷入那段岁月，他的心在滴血。

张永贵痛苦地回忆着、诉说着，忽然像是又想起了什么，他的脸憋得通红，嘴张开又闭上，闭上又张开，却什么也没有说出来，只是将手抬起来，一动不动地指着窗外向北的方向。

“是，就是那边、是那边！”张永贵老伴赶紧站起来应和道。

向北，那是那天出事的方向，他每次想起都会怔怔地盯着那个方向看上一阵子，任谁打扰都无法回头。在老人痛苦的记忆中，向北的那个地方，除了刺耳的警报，出事的矿井，漫天的风雪，更重要的是，在那里还埋着他的 26 个弟兄。

我满怀歉意地试图引导老人离开这个话题，可是张永贵老人沉默地坚持着，我们能感觉到之于那次矿难，他不可能淡忘的那份痛苦，那份倔强，那份渗入他血脉里的怀念、追忆甚至于自责和反省。他越陷越深，他用双手抱住了头，他的手在抖，在不停地抖。

“我最怕他想起那次事故，我怕他折磨自己，可那次事故，他不可能忘掉！”张永贵老伴说道。

“那年的事，我们都记得，你说我头一天怎么就没看出那兆头呢！”张永贵像是在发问，又像是在自言自语。

“凭我的经验，应该不会的，那天是怎么了？”他完全是在自言自语了，他是在责问自己。他不乏经验，他凭着自己灵敏的判断力、丰富的煤矿安全生产常识，避免过多次事故和损失，可在那次瓦斯爆炸事故发生时，他失灵了。

大家都不再说话。

上天给与张永贵老人一起患难与共的那26个弟兄安排了一个太仓促的结局，因为太沉重，他的生命里埋下了无尽的对死者的缅怀、对生

◀ 人去楼空

者的惦念，还有对自己深深的自责。

矿难让不少年迈的父母失去了最直接的“养儿为防老”的指望，这些悲伤过度的父母也很快相继离去；矿难让很多孩子失去了父亲，从而沦为单亲家庭的孩子，有些孩子很快出现了成长方面的问题；而成了寡妇的女人，或陷入悲痛不能自拔，或改嫁而远走他乡，离开曾寄托着她们生存梦想的什桂图，就如张永贵当年看到的那样，一年后，那栋楼已经空了一半……

那一天，朱清章的父亲也听到了矿上传来的警报声。

父亲的脸上骤然间布满了恐惧，他抽搐的脸因恐惧而瞬间扭曲变形。父亲早已僵直的身体在警报一声紧过一声的刺激下突然立了起来。

“儿子，我的儿子……”父亲跌倒在地上。

他使劲地摇晃着沉睡的妻子。

“儿子、儿子正在井下……”父亲像一头失去了理智的狮子，在地下来回爬着、哀嚎着，他用力捶打着自己的身体。

过往的一起起事故案例，一幅幅血淋淋的画面，如同一场场可怕的噩梦惊扰着父亲。他在井下工作了十几年，他经历过多次矿难，他看到过生命的瞬间消亡。他虽是以重残之身活下来，但已实属遭遇矿难人中最幸运的人。可儿子能够吗？他越想越急，迅速地爬到透进光亮的房门口，非常吃力地晃开儿子锁好的房门，越过门槛，拼尽全力向屋外爬去。

我们已经无法知晓，当听到警报传来，这位瘫痪的老人究竟经受了什么样的恐慌和惊惧。有一个场景却让人难以忘怀：那天，当朱清章怀着悲伤的心情回到家中时，眼前的景象简直太让人难以置信，父亲，瘫痪了多年的父亲匍匐在院子里，正向着矿井的方向不停地磕着头，父亲的双手和膝盖已经血肉模糊，额头渗出的血流得到处都是，在他的身后，鲜血浸在雪白的雪地上，两道长长的血迹从门前一直延伸到父亲匍匐着的地方，血红雪白，耀眼地刺进朱清章的心里。朱清章震惊了，他跑过去扶住父亲，他无法想象瘫痪多年的父亲是用了多大力气才从家里爬到院子中。见儿子回来，父亲怔怔地看了那么几秒后，突然放声大哭，哭声回荡在他家院子的上空，缠缠绕绕不绝于耳。

朱清章从没见过父亲如此酣畅淋漓地哭过，即便是在母亲成了植物人的时候，即便是在父亲的腿被重重地砸成三段的时候，即便是在因父母生病而辍学下矿井的时候。他跌坐在地上，用力将父亲扶起，父亲把头埋在他的怀里，像个无助的孩子一样。

“福珍，我们的儿子回来了，他没死，他回来了！”父亲说话的声音非常含混，含混到连听惯了他说话的儿子都快听不清了。父亲伸出手抚摸着儿子的脸，仔细端详着，看着看着，他又开始放声大哭起来。

对父亲来讲，这一天，儿子的归来是他凄凉生命中最巨大的喜悦。

什桂图的三月，雪还在飘，从山里吹来的冷风不停地来来回回地刮着，他们全然没有感觉。

父子俩依偎着坐在院子里，很久很久。

7

朱清章家里，保存着一些他和邻居们几十年之前拍摄的黑白照片，这些照片记载着他和邻居之间美丽的过往和那段清贫却纯真的美好年代。他经常拿出这些照片，看着、回忆着、抚摸着。照片有的已泛黄，有的已褶皱，有的已模糊，而照片上的人离世的已有大半。照片中，年轻的朱清章和邻居们开心地笑着，那是一种久违的笑，是一种质朴和豪爽的笑，是根植于我们这个民族血脉里的友爱与纯真。无论你是谁，也无论什么时候，当你看到这样的笑容，你都会从内心由衷地发出一种关乎美好与善良的信念，都会感动。

那个时代，大家在生活上虽然都不宽裕，但人与人之间保持着友爱和互助。朱清章的邻居们也是这样。他们总是在他最需要帮助时，向这苦难的一家施以援手。他家缺粮、缺米、缺油的时候，邻居们就把买好的粮食、食油等送到家里；他每天要给父母洗尿布，邻居们就不定时地把肥皂票、洗衣粉给他拿过来。朱清章是个要强又有恩必报的人，有时候，好心的邻居们担心他在接受大家的帮助时有负担，他们就把买好的东西悄悄地放在他家的门前或窗外。父母时刻处在危险之中，朱清章又得去上班，邻居们有时就来他家替他看护老人，帮助他给两位老人做饭、喂饭、洗衣服、擦身子，甚至换洗尿布……

“我经常把这些事讲给儿子和女儿听，邻居们的关心帮助，是我那些年能够坚持下来的一大动力。真的，若非那些好心人的帮助，我都不知道我一个人怎么度过那些年的日子。和他们成为邻居，是我这辈子的福气……”朱清章老人陷入深深的怀念中。

什桂图的天空姹紫嫣红，鞭炮声声入耳。

除夕夜，朱清章一个人在家包饺子，几个邻居来他家串门，邻居们看了看饺子馅，馅里竟然没有一点荤腥。

“这怎么说也是过年，该吃顿肉馅饺子才是！”邻居说完就走了。

▲矿山人家

约莫半个钟头后，邻居们又过来了，他们每个人都带来了一些切好的肉馅。

“赶紧包吧！吃完饺子出来打扑克。”说完，邻居们走了。

那个大年夜，当朱清章把煮好的肉馅饺子喂给父母时，看着父母吃的那么可口，他再次泪落如雨。

“爸、妈，今天是大年三十，咱们吃的肉馅饺子，是邻居们送来了油和肉。儿子不孝、儿子无能，只能让你们吃素馅的饺子，儿子给你们磕头拜年啦！我在这里也给邻居们磕几个头！爸、妈，一年又过去了，你们快点好起来吧……”每逢佳节倍思亲，朱清章满心的酸楚，那夜，他跪着和父母说了很多话。

他感慨，感慨流年似水，自己的头发都白了，父母也更加苍老；他感动，感动这么多年以来邻居对他的帮助，他们给了他力量；他难过，难过父母至今还没有好起来，他的生活依然是无际的黑暗。伏在地上，想着父母的病痛，念着邻里的帮助，朱清章感觉膝下沉重如铅，漫过心头的感触，让他同时体会到一种真切的温暖与悲哀。

除夕，这个给中国无数老百姓带来欢乐的日子，在朱清章心里却有着斑驳而复杂的颜色，快乐、温暖、凄凉、等待、绝望……

因为命运的无常和乖戾，也因为命运的眷顾和垂怜，诸种情绪在这个辞旧迎新的欢聚时刻，不停袭扰着这个在苦难中坚守并困顿的年轻人。

孤独是世界上最可怕的痛苦，不管面对多么强大的困厄、恐怖，只要有人相伴相随就能忍受，然而，当时只有二十几岁的朱清章几乎没有一天不深陷孤独这座精神的坟墓，他甚至很蔑视自己的生命，更蔑视自己的无能。他已经到了成家立业的年龄，可是与他相亲的女孩一看到他家的境况，她们都纷纷退却了。他不怪她们，他甚至还理解她们，但他还是绝望了，对爱情的绝望。爱情之于他，是奢侈品。

无聊的时候，朱清章或者蹲在地上和小地鼠说话，或者盯着成群结队的蚂蚁搬家，有时一看就是一两个钟头。无数个暗夜，他倚在父母栽种的桃树下，像个孩子一样一遍又一遍地数着夜空中的星星，怀想那已经被挤进时间皱褶里的被大山遮蔽的童年时光，怀想有父母悉心呵护的日子，还有那些和他一起听虫鸣鸟唱的伙伴们，想着想着，悲凉就如潮水般逼仄而来。每当这种时候，他甚至渴望夜色能与命运合谋埋葬自己孤寂而羸弱的生命，借命运的手，以天数之名了却自己乏味的一生。

季风掠过，什桂图冬去春来，秋至夏归，而在朱清章的世界里，季节却模糊成了一片混沌。

他学会了抽烟，也学会了喝酒。有时候，不良的嗜好和任由自己生命下沉的堕落，真的会让他寂寥无助的灵魂得到片刻的安宁和解脱。而于那时的朱清章而言，至少，借此可以打发掉一部分孤独的时光，排遣出寄宿在他命运里的无奈和困厄。

如果黑夜有一双眼睛，它一定在悲悯地打量着这个年轻人。

“她是与我相亲的第二十一个姑娘，是上帝派来的天使。”朱清章一直这样说。

第二十一个天使，这个在他生命中如此重要的女人叫张凤英。

1979年，仿佛是上天的安排，张凤英，这位河南妹子，在朱清章最为落寞的时候走进了他的生活。

用朱清章的话说，这是上帝的眷顾和安排，是苍天赐予他最珍贵的礼物。

朱清章29岁那年，河南的张凤英来什桂图姐姐家走亲戚。张凤英的姐姐和他是邻居，朱清章一个人伺候老人很不容易，平时，姐姐就对他多有接济和帮助，妹妹来后，姐姐做媒打算把自己的妹妹嫁给朴实敦厚的他。

在姐姐的安排下，朱清章和张凤英见了面。

“这个姑娘，我们好像在哪儿见过！”他感到非常吃惊。这份似曾相识的感觉，让他第一次见到张凤英就心动了。但是，朱清章已经历过20次失败的相亲，他不敢对自己的婚姻再抱有奢望。

张凤英一进朱清章家，也着实吃了一惊，屋里光线很暗，屋顶挂着蜘蛛网，墙壁斑驳芜杂，张凤英心想：这还是个家吗？

朱清章打开里间的房门，指着里面说：“这是我爸妈的房间，我爸已瘫痪多年，我妈也不能行动，是植物人，不知道什么时候能醒，也许永远都醒不过来了。”他不想掩饰，更不想欺骗眼前的这位姑娘。

朱清章心想，张凤英不会同意和他相处的。

张凤英走进里间，父亲见有人进来，挣扎着想坐起来。

张凤英快步走上前对老人说：“您躺着，躺着……”

见又有姑娘来和儿子相亲，父亲激动不已，他硬是拉住张凤英和姐姐坐了下来。

朱清章率先走了出来。

爸，儿子又让您失望了，对不起！站在院子里，想着父亲正在里间为自己的婚事讨好张凤英姐妹，他的心隐隐作痛。

过了一会，张凤英和姐姐走了出来。

张凤英说："天气好的时候，应该让老人晒晒太阳，里间太潮了，这对老人身体不好。"

张凤英顿了一下，接着说："我们处处看吧！"

朱清章以为自己出现幻听了，他转过身问张凤英："你说什么？"

张凤英看着他的表情，笑着重复说道："我说我们处处看吧！我姐把你的情况已经跟我说过了，这其实没什么！"

朱清章呆住了。他瞪大眼睛望着张凤英，疑惑地想：天下有这么傻的人吗？我没听错吧？

他激动、振奋，但马上又恢复了常态，毕竟，之前见过的20个姑娘让他真真切切地认清了自己的状况。眼前这个张凤英看上去很干练，听姐姐说，她读过高中，还差点儿上了大学，可她怎么会如此答复呢？这是真的吗？我可不能耽误了人家姑娘，索性把丑话都说到前头。她糊涂，我不能糊涂！

朱清章非常严肃地对张凤英说："我要向你讲清三个事实：第一，你若嫁给我，一进门就得伺候两个重病的老人，也许伺候三五年，也许是十年、二十年，或者更长时间，你愿意吗？第二，我家真的很穷，不但没有半点积蓄，而且为给父母看病，我还欠着五千多元的外债，可以说是债台高筑，你受得了吗？第三，如果你嫁给我，我们夫妻同心，共同努力，用我们的双手去拼搏，若日子能好起来更好，若是不能改变目前的状况，反而比现在还差，到时你后悔就来不及了。你要想好了。”

张凤英惊呆了，她被眼前这个男人的真诚深深地打动了。

张凤英觉得自己不用再考虑了，如果说刚才她还是怀着和这个男人处处看的态度，当她听完朱清章这番话后，她已经非常确定：这辈子，她就认定这个人了。

张凤英说：“我现在就回答你提出的几个问题。一是我们都是父母所生，父母有病，儿女伺候父母是天经地义的事。我既然成了朱家的儿媳妇，不管公公婆婆病多久，我愿意伺候二老到底。二是你欠了很多外债，你说是债台高筑，我认为这只是暂时的，只要咱们心往一处想，劲往一处使，我们一块去努力，生活一定会越来越好。我看上的是你这个人，你孝顺、厚道，凡事不掖着藏着，跟了你，我踏实。不管将来吃多少苦，受多少罪，我都不后悔，你就放心吧！三是你担心我俩尽了我们最大努力，还是没能改变目前的生活状况，说不定我俩还有讨饭的可能。我可以明确地告诉你，如果我们真到了要饭的那一天，咱夫妻俩并肩走，咱们一不偷二不抢，要饭也不丢人。只要我们夫妻俩心往一块搁，就算是吃黄连，心也是甜的。”

听张凤英说完这些话，朱清章彻底地懵了，他偷偷地掐了掐自己的胳膊，很疼！他没有听错！这是怎么回事？老天爷不会这么眷顾我吧！

站在张凤英面前，他突然感觉有些不知所措。

姐姐对他说："别愣着了，既然你们两个都没意见，那就趁早把这事给定了！清章，这可是喜事，你得好好准备准备，跟你爸妈也念叨念叨去……"

张凤英答应嫁给他那天，朱清章一整天神情恍惚，一会儿哭，一会儿笑，老天对他太好了，他感谢老天把这么好的一个姑娘带给了他。

第二天，姐姐过来和他商量妹妹的婚事。

朱清章很难过，他实在是拿不出钱来，这娶媳妇哪有不花钱的。

姐姐对他说："清章，你准备一下，过几天就去河南迎娶凤英！顺便让我父母也见见你。"

朱清章不好意思地说："姐，我家的情况你是知道的，我……我现在实在是拿不出钱去河南……"

"这娶媳妇终归得用钱，你能准备多少就准备多少……"见他面露难色，姐姐退一步说。

"姐，我……我一分钱也拿不出，要不这事儿就算了，你妹嫁给我也是跟着我吃苦……"朱清章说出的话几乎连他自己都听不见了。他想退却，一个大男人沦落到这种地步，还有什么颜面去娶人家姑娘？婚后，他能保障一家人的生活吗？他懊恼到了极点。

姐姐叹了口气，转身走了。

"就我家这境况，谁家姑娘嫁给我，都是跟着活受罪，这个摊子还是由我自己来承担吧！"朱清章无奈地叹息道。

令他没想到的是，第二天一大早，姐姐又来了。

“这是姐给你凑的 300 元钱，你到矿里去请个假，去河南把凤英接回来，就当你们旅行结婚了。”姐姐恳切地说。

朱清章愣怔在那里，不知道说什么好。

“收拾一下就起程吧！家里的老人，姐暂时替你照顾几天。” 姐姐不由分说地把钱塞到他手里。

父亲在里间挣扎着，好像在说什么，只是声音非常低弱。

“爸，你怎么了？”他跑进里间焦急地问道。

父亲的脸涨得紫红，他颤抖着手指着外间，激动地说：“好……好人，好……好……”父亲听见了姐姐和他的谈话，儿子终于娶上媳妇了，他去了一大块心病。

很快，朱清章把张凤英从河南接了过来。

朱清章开始筹备婚礼，他所在的河滩沟二矿团支书组织大伙召开了一个临时会议，大家商量着如何帮助朱清章把婚礼办好。

工友们纷纷拿出自己的副食券，由班长统一交给朱清章，他用大伙捐赠的副食券买了烟、酒、糖、茶等婚礼必备品。邻居也都为他高兴，他们有的送来窗帘，有的送来洗脸盆，有的送来暖壶。居委会的杨大娘想得更周到，她知道朱清章没钱也舍不得花钱给自己置办衣服，就把儿子的一套新衣服送来让他结婚时穿……

婚礼那天，朱清章家张灯精彩，他和妻子在大家的簇拥下，恭恭敬敬地向毛主席像鞠了三躬。

婚礼就在他家的小院里举行。那天，父亲露出了久违的笑容。那天，朱清章喝了很多酒，还破天荒地唱起了歌；那天，他在众目睽睽之下，泪雨滂沱；那天，他幸福满满，感激满满。那样的幸福和感恩，一直存留在他日后的人生中，纵使岁月烟尘浩荡，从未褪去。

送走了矿友和邻居，他牵着妻子的手走进母亲的房间，含着泪对母亲说："妈，您儿子结婚了，我娶媳妇了，您再也不用担心儿子会打光棍了。"

凤英紧跟着说："妈，我是张凤英，从今儿起，我就是朱家的儿媳了，您要是听见了，就快点好起来，让您儿子和我好好孝敬您！妈，我和清章给您磕头了！"

朱清章娶了和他相亲的第二十一个女孩，用他的话说，他遇见了上帝派来的天使。

婚后，朱清章问妻子凤英："傻姑娘，你当时是咋想的，咋那么痛快就答应嫁给我了？"

凤英笑着对他说："我当时想，这个男人对他父母这么好，将来对我肯定也赖不了……"

"凤英，放心吧……"他知道他再说什么都已属多余。

凤英是个热爱生活的女人，自从她嫁进朱家，邻居们不仅每天都会看到她忙碌的身影，还经常听到动听的豫剧《花木兰》或是《朝阳沟》的唱段从朱清章家的小院里飘出。

8

时间进入 20 世纪 80 年代，那首《年轻的朋友来相会》在河滩沟矿区满是煤尘的街巷里反复地传唱着。生活在这里的人们有了一种明显的感觉：时代变了！一种青春、自由、充满活力的因子跳动在空气里，鲜活的笑容挂在人们的脸上。到处是澎湃、激情、力量和速度撞击出的交响。封闭阻隔的大山已经只是地理上的概念了，封建保守的观念在不知不觉中渐渐地演化和退场。流行的奇装异服、邓丽君的温婉演唱、时髦的摇摆舞和李小龙的功夫武打一起涌了进来。世界忽然打开了一扇窗，人们在惊奇中接受和适应着，很快，这些与新时代一起来临的事物就被视作平常。

傍晚，矿井的输煤塔灯火通明，新开的夜大书声琅琅。矿区的山路上漫步走来牵手的恋人，电影院里，情侣们学着接吻，冲破了过去一直不敢越雷池一步的男女防线。忽如一夜春风吹来，人类与生俱来的浪漫、

▲ 什桂图矿务局职工招待所

▼什桂图第一大饭店

▲什桂图建起的第一个邮局

▶ 新华书店

细腻、热情在激情燃烧的岁月中渐次醒来。

这一年，河滩沟煤矿作为改革的试点，通过全体干部群众的团结奋战，产量比上年同季度翻了一番，整个矿区沐浴在改革的春风里，踏入新生活的朱清章，也迎来了他人生最为惬意的金色时光。

但对于张凤英来讲，新的时代并没有给她的新婚增添多少浪漫的味道。相反，从婚后第二天起，她就脚不沾地开始忙碌起来。

多年以来，朱清章独自一人操持着整个家，他一边上班，一边伺候瘫痪的父母，为了多挣些钱，节假日也在加班，他的家已经好久没有认真收拾过了。从嫁进朱家的那一天起，凤英就下定了决心，她要让这个家庭重新焕发出活力，让这个家有个家的模样。

婚后的第二天，凤英买来石灰粉，把家里的墙统一粉刷了一遍。朱清章下班回来，整个家都变了样。墙面雪白，屋子亮堂，已做好的饭菜散发着诱人的香味。环顾着家里的一切，他迟疑了，这还是这些年他和父母住过的那个家吗？恍惚间，他捕捉到一种曾经很熟悉的感觉，一切好像又回到了父母生病前的样子，是时光倒流了？父母是不是好起来了？想到这，他迅速走进父母的房间，父母都安静地躺在那，他轻轻地碰了碰母亲的胳膊，母亲依旧没有回应。他怅然地从父母房间出来，见凤英站在门外盯着他看，他这才从自己的幻觉中醒过来。

自母亲生病以来，家里已经好久没被收拾得这么干净利索，他也有很多年没有闻到这样的饭香了。朱清章感激地望着妻子，觉得妻子就是传说里下凡的仙女，或是那个从水缸里出来，为他创造富足美满生活的田螺姑娘。

“女人家、女人家，有了女人才像家！”朱清章略带调侃地对妻子说。凤英只是抿嘴一笑，就又忙活开了。

父母盖的棉被已多年没有拆洗，被面的花色早已分辨不清，被子四周都开了线，为了省时省事，他就像装订本子一样用订书机把开线的地方订住，被子里的棉花东一块西一块，而且已硬得像石头一样。望着这些破旧不堪的被褥，凤英很难过。这么多年，清章是怎么过来的，公婆又是怎么过的？丈夫是个好男人，他一个人操持这个家太难了，她要帮助丈夫把这个家料理好，把公婆照顾好，一切都会好起来的，她有这个信心。凤英的意识好像被拉到了丈夫和公婆的过去，她甚至真切地感觉到了这些年他们是如何走过来的，这可能就是她和丈夫、公婆之间的心有灵犀吧！

他们是一家人，是亲人，她不会让家人再过那样的生活。

婚后的第三天，凤英开始拆洗被褥，浆洗堆积的尿布和公婆的衣裳。她用开水将被褥、衣服、尿布分批次烫过后，随后用碱水泡、用脚踩，再用手一遍遍地搓洗，双手磨破了皮，流着血水，她也顾不上包扎。凤英在洗被褥、尿布和衣物时，邻居家的一位老太太来看望母亲，老太太还没进院子就捂着鼻子跑了回去。公婆的被褥等用热水一烫，刺鼻的气味传得很远，那味道令人作呕，邻居老太太远远闻见就受不了。凤英强忍着难闻的气味，把带屎带尿的被褥、尿布洗干净晾干后，又熬夜将被褥缝制好，两位老人终于又用上了松软的被褥。

婆婆的头发也得拾掇拾掇了，凤英给她换衣服时这样想。她打量着婆婆的模样，老人长得很端庄，她的年龄比自己的母亲还小，但久病不醒的婆婆的脸色苍白如纸，她的脸上没有自己母亲脸上那样红润的光泽。凤英心疼地吻了一下老人的额头。

“妈，这么多年，清章一个人忙里忙外，他没照顾好您，您别怪您儿子。您放心，以后儿媳会好好替他补回来，您要快快好起来！”她轻轻地对婆婆说。

凤英觉得自己和婆婆有着不浅的缘分，她才会从河南来到这里并嫁给丈夫，她是被婆婆召唤来照顾这个家的。这么多年，婆婆虽然一直睡着，可她老人家却用自己的存在陪伴着儿子并给儿子力量，婆婆很伟大。

婆婆的头发很长，且多年没有仔细梳理过，打了结的头发像毡片一样，结结实实地黏在一起。凤英只能慢慢地将头发撕开，今天撕开一缕，明天撕开一把，几天后，婆婆的头发都捋顺了，接着，她又把婆婆的头发剪短，用温水清洗干净。

“妈，您还满意儿媳给您剪的头发吧？”凤英拿来小镜子给婆婆照着，镜子里的婆婆看上去清爽了很多。

凤英从镜子里看到公公在哭。

“爸，您怎么了？是哪儿不舒服吗？” 她紧张地回头问道。

父亲慌忙地擦掉眼泪，他朝凤英竖起大拇指，“谢……谢谢你，姑娘！”

“爸，这些都是我应该做的，我是你们的儿媳，是清章的媳妇呀！”凤英的眼里泪光闪闪，两位老人常病不起，他们遭了多少罪啊！

凤英开始跟丈夫学着如何伺候卧病在床的公婆，这成了新婚小夫妻最动人的课堂。由于多年照顾卧病在床的父母，又加之读了很多医学方面的书，朱清章已经成了半个医生。新婚的凤英虽是高中文化，但在照顾瘫痪病人方面，她还是外行，要尽好做妻子的本分，照顾好公公婆婆，她需要向丈夫学习。朱清章耐心地一边操作一边给妻子讲：按摩要从腿部到头部，滚动拍打、揉搓，用劲要匀，切忌用力过猛，每次按摩时间至少半个小时，只有这样才能使母亲全身的经络保持通畅，肌肉才不至于迅速萎缩。尿布要随时换，清洗尿布要用苏打药液进行消毒、杀菌，消毒杀菌做得到位，病人就不会生褥疮。母亲身体僵直，换尿布时要先把母亲的身子侧立住，然后再把事先已经准备好的用一层塑料布、一层尿布和一层卫生纸卷成圆圈的尿布，从一边先铺开一半，把母亲侧着放到展开的尿布上，然后以同样的步骤，再把尿布另一半打开。换尿布前，要提前准备一盆热水，换尿布的同时，顺便把病人的臀部、背部擦拭一遍。朱清章把自己的看护经验和心得一一传授给妻子，妻子认真地听着。没过多久，凤英把朱清章教的护理常识全部学会了。

从此，帮老人按摩、擦身、换尿布、喂饭等照顾老人的事，统统由凤英来负责了。

勤快的凤英把家里打理得井井有条，把公婆收拾得干干净净。光是为婆婆准备的尿布就有五六十块，凤英对尿布做了改进，每块尿布由四到五层布做成且柔软光滑。凤英嫁进朱家之后，朱家门前常年飘扬着由各色布头做成的尿布，这成了他家门前一道特殊的风景。

因为善、因为缘，凤英遇见了朱清章，认识了公婆。一家人因爱结缘，因爱相守。

时隔多年后，一个阳光明媚的日子，我陪着朱清章老人回到他和妻子曾经生活的小楼前。逆着阳光，我给小楼拍照，我的镜头里总是呈现出一幕幕幻影，五颜六色的影像在镜头里不断地晃动，这些幻影犹如当年凤英为婆婆缝制的那些色彩各异的尿布，在正午的阳光下，迎着风飘荡在巍峨大青山下，飞舞在什桂图矿山深处一个苦难却温馨的美丽人家。

▲ 根据朱清章真实事迹改编的话剧《惊蛰》剧照

内睦者，家道昌。

阴霾渐渐散去，朱清章家里变了，他的精神也焕然一新。可对凤英来说，这还只是一个小小的开始，她还有很多的计划要去实施。为把每天买菜的钱省下，她开始琢磨着开荒种地，她选好了几块地。《天工开物》中讲："凡煤炭不生茂草盛木之乡"，"南方秃木无草木者，下即有煤"。什桂图是典型的煤炭地貌，山坡上怪石林立，土质瘠薄，平地极为罕见。夫妻俩把石头搬开，用簸箕把深山里杂草丛生处的土壤移到山坡上，一寸寸开垦，就是以这样的方式，他们在山坡上拾掇出四五块面积不小的菜地。

从这一年起，邻居们经常看到梳着羊角辫的凤英担着水、挑着肥，艰难却非常执着地行走在蜿蜒的山路上。有时候，在她的身旁，有朱清章相伴，他也担着水、挑着肥，和妻子一起朝着山上那几块绿油油的菜地走去，他们的笑声和好听的豫剧曲子在山谷中久久地回荡着：

走一道岭来，
翻过一架山。
山里空气好，
实在啊新鲜。
满坡的野花，
一片又一片。
梯田层层啊，

把山腰来缠。

…………

蓝幽幽的峡谷寂寞空荡，鸟儿展开翅膀扑棱棱地从一棵树上飞到另一棵树上，最后落在他们夫妻开垦的菜地里，踱着步像是在寻觅着什么。曾经绿油油的菜地又归于荒芜，有风不断走过，枯黄的草随风摇曳，可风中再也闻不到油麦花的清香。

这是多年后的景象。

凤英的到来，给朱家增添了无限生机。朱清章总在想，是上天眷顾，才让这个美丽善良的天使降落到他的家中。

“清章有福气，娶了一个这么贤惠的媳妇，老天有眼啊！”朱清章美滋滋地听着邻居们的谈论。的确，艰难的岁月终于过去了，生活又把最温暖的阳光投向了他。

朱清章能够按时上班了，他每天都是第一个到班上的人，他再也不会因为迟到而感到自责和挨批评，他又成了矿上出煤量最高的好工人，上下班的路上，他又自觉不自觉地吹起了欢快的口哨。

“小朱，安家立业、安家立业，这家里有个女人就是不一样，我早就说过，你怎么就不找个女人帮帮你？你那头摇得像拨浪鼓，咋，这回你信了吧！”队长似在教训又似在自夸。

朱清章微笑着默认了队长的话。

自从母亲得病以来，朱清章的心情从来没有像现在这样轻松过。

他感谢妻子，是她拯救了这个支离破碎的家，给了他新的希望。他要努力拼搏给家人带来更好的生活，他要坚定不移守候父母，直到父母都好起来。

他们的爱情，和着平常日子中的酸甜咸淡，沾满了人间烟火的味道。他们没有天长地久和海誓山盟的承诺，却有着摧不垮的坚定和能触摸到的真实。他们相依相偎，平实而质朴，引领着生命逆风飞翔。

▲朱清章和凤英的结婚照

9

朱清章对雪情有独钟。他说，他喜欢看雪花漫天飞舞，喜欢在雪中散步，喜欢听雪花飘落时那扑簌、扑簌的声音。

20 世纪 50 年代初，母亲发现他那天，德州大雪。

卫生所门前站着很多人。一对年轻的夫妇凑上前去，箱子里放着一个包裹，微弱的哭声从包裹里断断续续地传出。

人们围着箱子，叽叽喳喳地议论一阵子后，纷纷走了。

雪下得更紧了，已听不到孩子的哭声。

年轻的妻子弯下腰打开箱子，轻轻地拨开包裹，她被吓了一跳，包裹里包着一个出生没多久的婴儿，他的小脸已被冻成了紫色，眼睛紧闭，稀疏的头发上还结着冰碴。

她慌忙脱下身上的棉衣，把孩子紧紧地包了起来。

四野悄然，只有雪在下。

这位年轻的妻子名叫韩福珍，这一年，她 25 岁。

她的丈夫叫朱庆和，这一年，他也 25 岁。

孩子被朱庆和夫妇带回了家。

天已完全黑了下来，寒风刮得土房的门咣咣直响。孩子已被韩福珍的体温暖了过来，看着怀里奄奄一息的孩子，她眼里泛着泪花。

“庆和，我们带孩子去王嫂家讨口奶吧！”

从那一天起，韩福珍几乎天天抱着孩子去村里给他找奶吃。

这个雪天到来的孩子就是朱清章，这对年轻的夫妇就是他的父母，为了全心全意照顾体弱的儿子，父母没有再要孩子，他们把爱全部倾注到小清章身上。

飞扬的大雪，带着他来到了父母身边。

又一个冬天到了，什桂图，这座北国山川里的乌金之海，依然是漫山雪花映出的洁白世界。朱清章来到这里已整整 18 年了，他对这铺排张扬的大雪早已是司空见惯，但这个冬天对于他来说，却是不再寻常。

入冬的第一场雪让矿区的人们很振奋，整个矿区有些沸腾。下班后，工友们吆喝着去喝酒，朱清章婉拒了他们的邀请，在大家的哄笑中，他悠闲地踏上了回家的路。漫步于雪地，他又听到了落雪的声音，这使他的心情愈发愉悦，遥望着远处的高山，在无边的雪落的音符里，青山浮现出壮美的轮廓，什桂图大雪无垠，雪色如画。

朱清章回到家，凤英正在厨房里忙碌着。

桌子上摆着已做好的三道菜，他有点纳闷，“哦，这么多菜，今天这是怎么了？”

凤英笑着用家乡话回答：“俺高兴，俺就多做几个菜。”

他走进里间，爸妈都在睡觉。

凤英端着菜走出厨房，对着里间的朱清章说：“爸妈已经吃过了。”

“怎么还给我烫了壶酒？什么情况？”朱清章疑惑地看着妻子。

“今天你可以喝点酒，咱家有喜事！”凤英乐滋滋地说。

平时，凤英是个极爽快的人，可这一天，她却在不停地兜弯子。

“你不说，我就不吃！”朱清章很好奇。

“咱家很少改善伙食，你不吃，我可要吃光了，赶紧吃！”凤英把菜里仅有的几块肥肉夹到丈夫的碗里。

朱清章故意不吃。

“我有了！”看丈夫不吃，凤英急了。

他没有听懂凤英的话。

“就是我怀孕了，你有儿子了！”凤英索性说个透彻。

朱清章怔住了。这个消息太突然了。他有儿子了，朱家有后了！

这个家已经太久没有好消息了，他激动地站起来，“凤英，来，咱们去告诉爸妈，他们有孙子了……”

那个大雪纷飞的夜晚，是朱清章记忆中一个很难忘的时刻，他拥着妻子站在窗前久久地凝望着夜色中的山峰，雪落的声音，使那夜的什桂

▲生活燃起了新的希望（根据朱清章真实事迹改编的电影《守候》剧照）

图静美到了极点。朱清章感谢妻子给这个家带来的欢乐，感谢妻子对父母无微不至的照顾，感谢妻子给他带来生命的惊喜。儿孙绕膝，子孙满堂，香火永续，这永远是中国老百姓最大的精神满足。

1981 年 5 月，他们的儿子艳斌呱呱落地。1983 年 10 月，女儿艳茹出生，两个小生命的降临，给这个艰难的家庭平添了很多快乐，与此同时，孩子的到来也加重了他们的经济负担。

河滩沟二矿作为煤矿改革试验矿，随着产量不断翻番，矿上的生产任务越来越重。班前会上，队长问大家有没有信心完成生产任务，工人的生产积极性很高，大伙齐声高喊：“有信心！我们有信心！”在这宣誓一样的呼声中，朱清章回答的声音最响亮。为挣钱养家和偿还债务，他拼命地工作，儿女的到来，让朱家的新生活又向前迈进了一步，他的干劲更足了。

潮湿阴暗的工作面上，朱清章一边工作，一边得意地哼着：“你就像那冬天里的一把火，熊熊火光温暖了我……”

“小朱，你这天天加班，还这么快活，你不累？” 同班上的工人端着饭盒走到他跟前问道。

朱清章满不在乎地说：“不累，我这身体好着呢！你是不知道，小时候，爸妈把好吃的都给了我，我这身体底子棒得很……”

时间伴着朱清章的记忆，回到 20 世纪 50 年代末的德州平原，那里有他的童年。

小清章靠吃百家奶、喝米汤、面糊顽强地活了下来。

他在快乐中一天天长大，周围变得热闹起来，他也跑进跑出，跟着村里亢奋的人们敲锣打鼓地庆祝成立人民公社．停了自家的灶火，和父母去吃食堂。再到后来村里点起小高炉，炉火映红一群孩子的小脸，他们兴高采烈地和大人们守着小高炉，生怕错过开炉出钢。可不知道什么原因，人们的热情开始消退，只是听大人们说，粮食不够吃，渐渐地，饥饿成了大家共同的话题。

为让发育不良的儿子吃饱，每日三餐，朱庆和夫妇只喝稀疏的菜汤。但很快，连野菜都挖不到了。树皮、胡豆叶、芭蕉头、小球藻，甚至连池塘上面浮着的一层绿草都被人们捞上来吃了。

家里的粮食已所剩无几，不能再等了！朱庆和对妻子说，他想和乡亲们去逃荒，给一家三口找条活路。朱庆和心里明白找到活路的希望渺茫，但这样至少还能给妻儿留下一份口粮。饥饿如瘟疫一样无边蔓延，眼看着一天比一天瘦的儿子，韩福珍也只能放手让丈夫去拼死一搏。一天黎明，趁小清章还在睡梦中，朱庆和与乡亲们上路了。

村庄里的人越来越少，和乡亲们一样，小清章和母亲在饥饿中度日如年，母子俩在艰难中盼着父亲回来。母亲告诉儿子，爸爸出了远门，过段日子就会回来。小清章信了母亲的话，他每天都跑到村口去等父亲回来。

可是，从春到夏，又从夏到秋，一直没有父亲的消息，饥饿如网，紧紧地缠绕着他们。母亲把家里能吃的东西全部留给了小清章，但他还是吃不饱肚子，他越来越瘦。看着皮包骨的儿子，母亲做梦都在想给儿子弄点吃的回来。

饥饿像个没有休止符的魔咒，在德州和中国大地上继续蔓延。

可是，父亲还没有回来。

一天，母亲突然晕倒在地，小清章慌了，他被吓坏了。

“妈妈、妈妈，你怎么了？你醒醒啊！你别死！”他的哭喊声惊动了邻居。邻居们把母亲扶到炕上，他们呼唤着韩福珍的名字，又从自家端来米汤和一点点食物，给韩福珍喂下。过了好久，母亲终于缓缓地睁开了眼睛，她看上去虚弱至极。见母亲醒来，小清章哭得更厉害了。韩福珍将儿子轻轻地揽入怀里，母子两人抱头痛哭。为了省下点粮食给儿子吃，母亲吃了观音土，她已全身浮肿，以致昏厥过去。邻居抹着眼泪说：“福珍，这也不是个办法，你好歹也得吃点粮食，这样下去，你怎么吃得消！”望着瘦弱的儿子，韩福珍的眼泪像断了线的珠子，她不能倒下，儿子还小，还需要她的照顾和疼爱。

儿子是支撑她活下去的最大理由。她的儿子，已经失去过一个母亲，她不能让儿子再一次失去母爱。韩福珍紧紧拥抱着逐渐停止哭泣的儿子，儿子在她怀里睡着了，她轻轻地抚摸着儿子的头，想起了几年前的那场大雪，还有雪地里那个奄奄一息的婴儿。是几世才修来的缘分，他们才能成为今生的母子！她要为儿子好好地活下去。

一天夜里，母亲摇醒了熟睡的儿子，小清章迷迷糊糊地睁开眼，父亲竟然坐在他身边，他不敢相信，激动地揉着眼睛，真的是父亲。

“爸爸回来了，爸爸回来了！”小清章从被窝里钻出来，跳着扑进父亲的怀里。

“打开看看，看看爸爸给你带了什么好东西！”父亲从怀里摸出一个纸包，递给欣喜的儿子。

小清章疑惑地接过纸包，纸包上还留着父亲的体温。

“哇，是窝头，妈妈，是窝头！”他惊喜地喊道。

纸里包的是两个硬硬的窝头。窝头散发着玉米的香甜。

小清章已经不记得上次吃窝头是什么时候的事了，他抓过窝头狠狠地咬了下去，真香啊！他吃得噎住了，还在拼命地往下咽。

“我可怜的孩子终于有救了……”望着狼吞虎咽的儿子，虚弱的韩福珍哽咽起来。

救儿子，是这位母亲的最大愿望。她没想到逃荒的丈夫还能活着回来，更没想到丈夫真的找到了活路！儿子有救了，他们团圆了。

一家人紧紧地拥抱在一起。

2015 年，当我去采访朱清章老人时，午饭时间到了，老人留我在家吃饭。吃饭的时候，他不断地向我提起那两个窝头，当年，父亲从千里之外为儿子带回的那两个硬硬的窝头。

“我父亲包了好几层纸，一路上也没舍得吃，我当时吃着觉得那个香啊！直到现在，一提起窝头，我还是能想起那香甜的味道。”朱清章老人深情地说着。

父亲逃荒数千里为一家人能活下去寻找出路，一路困厄，归途饥肠辘辘却始终没舍得吃掉那两个窝头。父亲不爱说话，但他对儿子爱的表达胜过万语千言。

那年春天，朱庆和与同行的十几个人被迫离开家乡后，他们沿着当年“闯关东”的路线，一路乞讨，一路打听去关外的路。可他们走夜路偏离了方向，不知不觉中走到了河北宣化。也许是天无绝人之路，在宣化，他们听说内蒙古包头市有个叫什桂图的地方，那里的煤矿正在招工，大家就立刻一起赶了过去。

父亲所说的什桂图是蒙古语，意为有森林的地方。它坐落在中国西北的大山深处，隶属于内蒙古包头，那里有丰富的煤炭储量。早在清朝时，那里就有了小规模的煤炭开采，到了民国和日伪时期，绥远省的煤炭供给主要依靠那里。然而，真正使什桂图名扬中外，并进行大规模开采，还是在发现了白云鄂博巨型的稀土和铁的共生矿以后。

那个时候，衡量一个国家的综合实力，首先看的就是这个国家的钢铁产量。而什桂图的煤海以及与之相距不远的白云鄂博的稀土和铁的共生矿，再加之流经包头的黄河，这些已共同构成了建设一个超大规模钢铁联合企业的最佳要素。这对于要发展现代工业的新中国来说，无疑是雪中送炭，什桂图立刻吸引住新中国第一代领导人关注的目光。时间过去了半个多世纪，现在已少有人知道，那个发现给当时的新中国带来了多么大的震荡。

在国家“一五”计划的157个重点项目里，有多个项目落户在包头。

包头集中起了核工业、军工制造、机械制造、制铝、制糖、棉纺、印染、皮毛加工等一系列的轻重工业、机械制造业，那是要以建设中的包钢为依托，结束草原几千年手无寸铁的历史。当时的许多企业是从北京、上海、南京、天津、鞍山、武汉等地整体搬迁而来。这是新中国成立以后最大的一次人口大迁徙，搬迁企业的职工和家属，迅速从大江南北汇成百万洪流，浩浩荡荡奔向了中国西北部的草原边疆。

建设者们在草原上奏响了工业革命的晨曲，并用事实结束了新中国成立初的那场争论：草原上没有工业，没有产业工人，领导它的应不应该是一个工人阶级领导的政党?

大规模的建设蓬勃展开，一座座厂房高炉拔地而起。大工业建设急需充足的能源，因此，即便是在国民经济困难时期，国家对什桂图煤矿的建设也从未停止。刚刚建立起的国家，百废待兴，中国广袤的大地当时都在经历着新中国刚刚成立后的贫困，虽未停止能源建设，那毕竟也是勒紧裤腰带搞建设，其艰难的程度可想而知。

当朱庆和与一群逃荒的人欣喜地赶到什桂图时，他们听说的却是煤矿将在很长一段时期，只给矿工提供伙食而发不了工钱，再加之生产条件艰苦，任务繁重，并且安全没有保障，面对这样一条“四块石头夹一块肉”的活路，大多数人退却了，只有朱庆和与几个乡亲留了下来，他们说：“只要给饭吃，让我们把妻儿接来，我们就留下来干活！”

就这样，朱庆和与煤矿的筹建处办了手续，然后，拿着煤矿给他的路费和一包玉米面返回了家乡，他要尽快把妻儿接过来。

料理好家中事务，朱庆和要带着妻儿返回什桂图去。

很快，小清章和父母踏上了横穿大半个中国的漫长旅程。他们的行囊很简单，只有两卷破旧的行李，一包满是补丁的衣服和临行前母亲做的一些吃的东西。但一家人心中满怀着豪情，尤其是韩福珍，她对那个未知的地方充满了向往和期待，在她心里，那是一个能让儿子吃饱穿暖、能让丈夫挣钱养家的人间天堂，而小清章更是急不可待地要到那里去，父亲带回的那两个窝头是他脑海中什桂图的模样，甜丝丝的，不似家乡野菜苦涩的味道。

小清章是第一次见到火车，他对这个吼叫着吐着白色蒸气的大家伙表现出天然的好奇，火车飞跑着，德州平原飞速掠过，他兴奋地望着窗外，猜想着西北方那个未知而遥远的家。

那个家是什么样子？草原又是什么模样？家是在草原吗？在家的四周有没有成群的牛羊？父亲说家在黄河岸边，有渔民在船上撒网吗？他搜肠刮肚地展开了各种各样的想象。一路上，他不停地问："爸爸，我们什么时候能到？我们快到了吗？"

火车驶进北京，走出站台，天刚蒙蒙亮。先是母亲背着矮小瘦弱的儿子随人潮走出车站，接着，父亲又把他放在肩头，让他骑在脖子上。

一家人惊奇地打量着他们从未见过的北京城。

傍晚，他们踏上了西行的列车。车开出不久，山高峰险的燕山、壁立的居庸关、高大的穆桂英的点将台缓缓映入眼帘。列车继续向前移动，危崖上依稀看到雄浑的长墙，父亲告诉他，这是长城，小清章出神地望着传说中的长城，呼啸的火车突然开始钻山，漆黑的隧道一个接着一个，光亮刚刚一闪又什么都看不见了。等周围再次亮起，火车的车头带着长长的一列车厢攀到了仿佛能触摸到云海的青龙桥上边。车头变成了车尾，沿“人”字形顺势而下。八达岭长城犹如巨龙，在苍茫中凌空飞舞，翱翔在云烟缭绕的群山峻岭之巅。小清章趴在车窗上，目不转睛地望着窗外不断变换的景色，兴奋不已。

第二天，小清章从睡梦中醒来，一条浩瀚无际的大河横在他眼前，河面的波光在阳光的照射下银白闪亮。父亲告诉他：“这就是黄河，我们已经进入内蒙古境内。”望着涌动不息的浪涛，小清章好奇、高兴又有几分紧张，磅礴的母亲河，让小小的他第一次体会到了什么是壮阔和震撼。

火车驶进包头。他们转到一辆敞篷卡车上，继续西行，傍晚时，卡车开进连绵的群山之中，让母子俩畅想和向往了一路的地方出现在他们面前。

眼前的什桂图，横生怪兀。

10

什桂图，这里是完全不同于德州平原的另外一个世界。

它的四面全是高山野岭，看不到一座房子，长满林木的山底、山坡、山顶，扎着数不清的窝棚，河滩中、山沟里的几处矿井建设工地，还有插着红旗的帐篷立在中间，飘荡的红旗，迎风猎猎作响，煞是壮观。

开山炮突然连连炸响，腾起的尘土、石块儿四处溅落。如潮的人海呼喊着，担着箩筐从四面跑出，涌向那里，工地立刻沸腾了起来。朱庆和一家站在山顶望着这火热的劳动场面，这样的情景是他们之前从未见过的。

和其他来到这里的工人一样，朱庆和来到什桂图的第一件事是自己动手搭建窝棚。小清章也开始忙碌起来，因为父亲说窝棚要在天黑之前搭好。

也许就在那一刻，小清章对“家”已经有了新的概念。对一个孩子来说，有疼爱他的父母守在身边，家在平原、草原或是深山里，又有什么分别！

入夜，一盏油灯如豆，一家人“天当被，地当床”地睡在潮湿的窝棚里。韩福珍又给儿子讲起了那个调皮的孙猴儿，它是怎么从石头缝里变出来，又是怎么大闹天宫、偷吃蟠桃、捉白骨精……他迷迷糊糊地睡着了，调皮的孙猴儿挥舞着金箍棒来到了梦里。冰冷的夜风蹿进窝棚里，睡梦中的他打了一个寒战，母亲赶紧裹紧儿子，很快，他又游进魔幻的梦乡中去了。

父母很快都上工了，窝棚里只留下小清章一人。他在怯怯地等着父母回来。在孤单的等待中，他开始用童稚的目光观察这山脉横亘无垠的“家乡”。什桂图的南山连绵起伏不断，浩荡无忌地伸向很远很远的地方，在遥远的地平线处形成起起伏伏的弧线，父亲说这座山叫马鞍山。站在自家的窝棚边，小清章只能朦朦胧胧地望见马鞍山暗蓝色的轮廓，这种无法确认却又遥遥相望的感觉，曾使年幼的他沮丧且充满隐秘的向往。而另一座被称为大青山的山脉沿东西方向延伸，山峦叠嶂，无边无际，绵延在什桂图的北方，像一道天然的屏障，隔开了他与山外的那个世界。直到多年后，他才弄清楚，这座山外环山的矿山，不仅是他童年生活苍茫恢弘的大背景，更成了父亲和来自祖国各地煤矿建设者一生的家园。

随着煤矿建设规模不断发展扩大，什桂图的人口越来越多，这里成了迁徙者的圣地。在这座煤城，几乎所有人都是外来户，他们之间的区别，无非就是他来得早你来得晚或者是你来得早他来得晚而已，一批又一批的外来人，改变了这座煤城的面貌。又一个春天到了，大青山和马鞍山漫山翠绿，花开遍野，人们仿佛是第一次发现什桂图的美。三年里，他们埋头苦干，心里存留的除了疲惫奔波，更多的是那种刻骨铭心的饥饿感，又或是从家乡到山区那抹挥不散的乡愁。三年的劳作和熟悉，人们终于和这座深山里的煤海融为一体，他们开始用审美的眼光打量起这里的山山水水。在什桂图，他们找到了归属感并留在了这里，和许许多多建设者一样，淹没在中国大多数光荣而朴素的命运之中。

在这春天里，小清章的天性和大山一起复活了。什桂图完全迥异于德州的山水、地貌、语言，尤其是那些到处奔跑的兔子、狐狸、山鸡、狍子和獾子，它们为什么不怕人？尤其不怕小孩，这一切激发了小清章童年的好奇。他躺在山坡望着蓝天，惊喜地望着白云奇妙的变幻；他跑到山顶遥望远方，遥望日升日落的天边，马鞍山和大青山像两道天然的屏障，铁桶一样守护着搭在山坡、山顶和沟底的窝棚家园。

什桂图，这座注定要辉煌多年的矿山，在这三年里发生了巨大的改变。公路修好了。桥梁架起来了。多个矿井挖到了煤层，高大的输煤塔也已立起，一座崭新的大型煤矿雏形已经出现。

矿区有了零星的房屋建筑，可工人们还心甘情愿地住在窝棚里。他们向矿务局请求，要求在最好的位置先建起托儿所、建起学校，他们说，为了孩子，他们宁愿在窝棚里再住几年。

小清章上学了，学校里全都是来自山南海北的同学，他有了新的小伙伴。除了上课，孩子们只要聚在一起，不是抱着一条腿撞拐，就是抓蝎子、

▲ 矿井建筑

▲ 山外还是山的什桂图

▲ 建在山腰上的矿山人家

▲ 煤矿散落在群山之间

逮蜈蚣、爬到树上掏鸟蛋。他们经常结伴上山，看山里成群的野兔和山鸡悠闲踱步觅食，看松鼠爬树，看麋鹿奔跑，然后，孩子们也麋鹿般跳跃着冲向父亲们正在铺设的铁路上，他们在铁路上嬉戏着、跑着、笑着、喊着。这条即将投入使用的铁路，它穿过大青山腹地，蜿蜒地伸向马鞍山深处，铁路一端连着什桂图矿区，另一端连着包钢和各个大型工厂，是什桂图煤炭运输的主要通道。这里的人们常说，这条铁路连起的是什桂图和他们的明天。

什桂图，这个沉睡在内蒙古西北边陲的寂寥之地，仿佛就在一夜间，声名鹊起，它越来越被更多的人知晓。从四面八方涌来的人群，给沉睡的大山带来了新的活力。

铁路通车了。矿井建好了。煤矿大量出煤了。人们敲锣打鼓一次次欢庆剪彩，源源不断的乌金从地下输送到外面。工人们也欣喜地拿到了工钱。

矿山还在不断变化着，好消息不断传来。两栋住宅楼建了起来，那是铁路和矿井建设完毕后，工人们靠人背肩扛盖起来的。

工人们开始进行热烈的民主讨论，谁几次负伤不下火线、谁的贡献最大、谁又一直是毫无私心杂念，吃苦在前。经过几轮评选，32 个优秀工人代表脱颖而出，他们带着荣耀被推荐住进仅有的两栋楼房里，这其中就有朱庆和，搬进宽敞明亮的小楼，那是朱清章童年最难忘的一件事。

小楼建在山坡平缓处，前后两栋，每栋住 16 户人家。小清章的家里外两间，外带一个窄小的厨房，共计 31.4 平方米。这两座现在看起来非常促狭的小楼，在那时却是难得一见。

“妈妈，我们以后就不再住窝棚了吗？”环视着在他眼睛里放大的楼房，小清章怀疑地问韩福珍。

朱庆和和韩福珍相视而笑。

“老师说是爸爸让我家住进的大楼房，那又是什么意思？”小清章歪着头问道。

朱庆和憨憨地笑着。

“因为爸爸是劳动模范呀！”韩福珍对儿子说。

“什么是劳动模范？是三好学生吗？”小清章是要打破砂锅问到底了。

什么是劳动模范？这倒是个问题，怎么给儿子解释呢？

“劳动模范就是乐于帮助别人，抢着干活，不和别人吵架，有好东西要先想到别人。还有就是有人帮了你，你就一定要找机会报答人家。妈妈怎么跟你说呢？就是跟爸爸一样就是劳动模范！”韩福珍不知道如何给儿子解释了。

小清仰望着父亲，他并没有完全听懂母亲的话，但是，从老师和同学们羡慕的神情中，他似乎明白了父亲是个非常了不起的人，他以后也要做像父亲一样的人。他记住了母亲说的那些他似懂非懂的话，并用一生践行了他自幼立下的这个理想。

矿山已正式运转，铁路修完后，朱庆和被调到建井工程处，开始矿井建设工作。当时，在全国各大煤矿共有这样的建井工程处 86 个，建井工程处的主要任务是为采煤做准备，工作任务包括打巷道、通电，安装运输、通风、排水设备、瓦斯抽放系统、安全防范设备等，是煤矿采掘的最前沿。

朱庆和身体强壮，为人老实忠厚，不怕辛苦，踏实肯干，又加之脑子灵活，他很快掌握了建井的诸多工程技术。正在建设中的煤矿急需的就是像他这样的劳动技术人员，领班班长向上级提交了朱庆和的转正申请，不久，矿务局批准他提前成为包头什桂图矿务局建井工程处的一名正式工人。

转正那一天，朱庆和家里热闹极了，他拿出一个月的工资宴请了那几个和他一起留下来的德州同乡。大家都很高兴，他们似乎早已忘记了一路逃荒的艰辛，更忘记了在井下工作的辛苦和危险，他们在窝棚里畅想他们朴素又美好的未来。

朱庆和的神情里流露出掩饰不住的骄傲：我是工人了，我吃国家粮了。

朱庆和干起活来更卖力了。

这座坐落于内蒙古大西北的什桂图矿山曾经给太多苦难的人们带来过那个时代的丰衣与足食。在那个物资匮乏的年代，这种相对的富庶和满足，使生活在这里的人们的脸上泛着满足的笑容，空气里弥漫的也不是愁苦，而是近乎夸张的幸福。清晨，矿区的人们准时被高音喇叭激越的歌声唤醒，矿工家属说笑着，拿着汤碗和粮票，在矿区的食堂排队买油条和豆腐脑。什桂图的世界里没有秘密而言，所有意志都通过高音喇叭传到每一个人的耳膜。这里的人间也没有隐秘而言，就如每一个人的早餐，都在冗长的队伍里，毫无保留地公之于众。

什桂图一改往日孤单的模样，于质朴中初露风华。

为加速包头工业基地的建设，适应钢铁、机械、电力的发展，什桂图煤炭开采业也在快速发展，而伴随着煤炭事业发展是来自东北、山东、河北、河南等地的建设者们，这些勤劳的矿工和他们的家属成了真正意义上的当地人，他们热爱并努力地建设着自己的家园。煤矿日常的节奏就是人们的生活节奏，极具秩序感又不乏活力，这种生产和生活步调和谐而又高亢激昂的劳动场景是一段岁月的缩影，我们最初的工业时代就这样昂首阔步地走向了它的征程。

▲什桂图煤炭运输的生命线

11

秋天来了，什桂图的天空碧蓝如洗，北雁南飞，巍巍青山上到处是黄绿相间的景色，壮美如画。马鞍山深沉依旧，参差不齐的白桦树如一条银白的山带，缠绕着绵延的山脉伸向远方。如此好的天气让朱清章心情大好。妻子凤英进门后，他有了帮手，他把家务都交给了妻子，家也更像个家了。母亲依然还在沉睡，还是没有醒来的迹象，但现在有凤英照顾母亲，她的气色看上去比原来好了很多。尤其是父亲，他的话较之从前多了不少，这让朱清章很高兴。父亲不善言谈，自从母亲成了植物人，父亲的话就更少了。现在好了，他每天下班后，父亲都和他聊天，聊他自己年轻时的事、聊刚来什桂图时几个同乡之间的互助友爱，还聊自己在矿井下的劳动体验。而父亲最爱说的还是儿子小时候的那些趣事，每次一提起这个话题，父亲的眼睛就有了光亮。

这个秋天里的一天，像往常一样，上班时间到了，朱清章健步如飞地向河滩沟二矿走去。乐观的他怎么也不会想到，生命中的又一次阴霾正在悄悄地向他逼近。

朱清章手上的伤，就是那天留下的。

班长张永贵带着班上的工人在井下正热火朝天地干得起劲，突然，巷道里传来一声惨叫。“出事了！”张班长迅速地向巷道深处跑去，其他工人也跟着跑了进来。昏暗的灯光下，只见朱清章佝偻着腰跪在巷道里，双手和胳膊上流满了鲜血，模糊一片，他的中指被电钻劈成了两半，十指连心，他已疼得满头大汗，他想站起来，可眼前晃动不已的一切，迫使他刚直起腰就又栽倒在地，趴在地上，他感觉脊梁上升起了阵阵寒气，眼睛像是被什么粘住了……

“小朱，你不能睡，你要坚持住、坚持住！”班长的话在他耳边越来越飘忽了。

工人们七手八脚地把朱清章弄到井上，当矿务局医院救护车赶过来时，他已经因失血过多晕了过去。

接到丈夫出事消息时，凤英正准备去菜地里浇水，她一下子傻了。“嫂子，清章哥井下出事了！”见凤英待在那一动不动，来报信的小伙子又喊了一句。凤英这才反应过来：是清章出事了！她扔下手中的扁担，跟着来人跌跌撞撞地向医院跑去。

凤英到医院时，朱清章高烧退了，他正好醒了过来。凤英看着丈夫肿得像黑馒头似的手，她的眼泪就来了。

“我这不是好好的吗，哭什么！”朱清章安慰妻子道。

▲ 深秋的矿山

他环顾一下病房，都是陌生的面孔，他依稀记得出事时大伙都在一起，他们人呢？

“井下的人呢？他们怎么样？”朱清章紧张地问。

凤英回答道：“他们都没事，就你晕过去了！”

朱清章悬着的心落下了。一个长期在井下劳作的矿工就是这样，他的心时刻悬着，在有些时候，噩梦一样的井下事故会搅乱并篡改他们的记忆。

“你来了，爸和妈谁照顾？”顿了一下，他又接着问。

凤英回答：“姐姐在照看着！”

“哦。”他略微放心了一些。

“回去吧，我这没事，爸妈身边离不开人。”朱清章还是放心不下父母，催凤英赶紧回家去。

凤英只好含着泪对他说：“那我先回了，安排好咱爸妈，明天我再来陪你。”

凤英回去了。一路上，她的眼泪就没断过。窘迫的日子，让丈夫不得不拼命地工作。为多挣些钱，丈夫不分昼夜地加班，下班进家，吃完饭倒头就睡。凤英看在眼里，疼在心里，可她又有什么办法！

快到家时，凤英走进肉食店，好久没有给家人改善生活了，丈夫受了伤，她想给家里的老人和丈夫包一顿饺子。

凤英怯怯地对售货员说：“你能给我多切点肥的吗？” 凤英是个爱面子的人，平时很少开口求人。

售货员迟疑了一下，拿起刀向着那块肉膘厚的地方切了过去。接过售货员递过来的那条肥肉，凤英红着脸慌张地给售货员鞠了一躬，然后，她逃也似的离开了肉食店。

凤英推开家门，还没等她走进去，就听见父亲问：“是清章回来了吗？”声音很急切。

她忐忑地走进里间。

父亲伸着脖子向外张望着，见是儿媳进来，他缩回了身子。

“爸，是我，今天，我给妈和您包饺子吃，干白菜猪肉馅，您最爱吃的！”凤英笑着对公公说。

“这么晚，清章怎么还不回来？” 父亲问道。

“刚才有人捎信儿给我了，清章今天替别人的班，明天还叫我送饭过去呢！”凤英敷衍着。

见公公不再追问，凤英赶紧从里间走出来，她担心自己在老人面前露出马脚。凤英从公公的表情中察觉，他似乎意识到儿子出事了。

父子连心啊！

人们常用“四块石头夹着一片肉”来形容矿井之下工作的危险性，在井下作业，“矿难”是始终悬在工人头顶的达摩克利斯之剑。父亲在煤矿工作了一辈子，而且是特重体力、一线井下掘进工人，他对于矿难的直觉极其敏感，何况，这次是他的儿子，他能一点感觉都没有嘛！父亲已经猜到了八九分，但只要凤英不道破，不露破绽，他就还存在着一种侥幸的心理，或许儿子是在替别人当班，谁家都有有事的时候，结婚的、生子的，进城给老家父母妻儿寄钱的，当年，自己不也没少替矿友们顶班嘛！儿子是个热心肠，这点儿像他。想到这儿，父亲倒有了一丝宽慰，但仅仅一小会儿功夫，他的直觉很快就又战胜了宽慰，儿子这么晚还没回来，他不会真的出事了吧？父亲翻来覆去地想着，他呆呆地盯着顶棚，恐慌和担心一波又一波地袭扰着他，他在煎熬中等待着儿子的回来，他的身体颤抖得更加厉害了。

凤英是个麻利的女人，一个小时后，饺子出锅了，她端着饺子走进了里间。

“爸，吃饺子喽！”凤英装作一脸的轻松。

那天晚上，婆婆吃了就吐出来，喂了半个多小时，她也没有吃进去多少。公公也只吃了两个，说身上不舒服就借故睡了，凤英知道他是在担心儿子。

唉，可怜天下父母心！

伺候公婆睡下，凤英一点儿睡意都没有，她走出家门，坐在门前的石板上遥望着医院的方向暗自着急，运煤的卡车从她身边疾驰而过，卷起的阵阵烟尘不断向她扑来。远方，夜色中的群山隐若无形，浩瀚的夜空，群星闪闪，如水的月光清冷地照着大地。凤英突然想起一首诗，是李白的《静夜思》，她想河南的娘家了。凤英嫁过来已有些日子，每天的生活都被忙碌占据着，她抽不出闲暇的时间去想自己的父母。爹娘还好吗？她默默地想，像是问候，又像是祈祷。

冰凉的泪水沿着她的脸颊滚落下来。

在夜色的掩映下，凤英露出了一直掩藏着的疲惫。公婆久病在床，丈夫又受伤住进了医院，突如其来的灾难所激发的痛苦，使得她原本已经绷紧的神经处在临界状态。她一直悬置的心多想有一个着陆点，她想停一停、歇一歇，哪怕只有一刻也好。

可她不能沉浸在奢侈的悲苦之中，不管遭遇什么样的阻遏，不管内心掀起多大的风暴，她都得振作起来。她要照顾好公婆，她要和丈夫一起使这个家好起来。

这是她结婚时就暗自立下的誓言。

第二天一大早，像平常一样，凤英认真地给公婆洗脸、喂饭、换了尿布。料理好公婆后，她把早起煮好的饺子装进一个大饭盒，小跑着奔向了矿务局医院。

朱清章躺在床上，休息了一宿，他的气色看上去好了很多。凤英端着饭盒给他喂饺子，他笑着劝凤英跟他一起吃，但凤英坚持只喂给他吃，他也就不再推让。剩下最后几个饺子时，他说："你也吃几个吧！"

凤英道："我和爸妈一起吃过了。"

"那你就吃一个，这总可以吧？" 朱清章恳求道。

他把一个饺子夹给妻子，凤英慢慢地嚼着，她的脸上立刻流露出惊讶的表情。

"这饺子，你怎么吃下去的？没放盐！"

朱清章望着妻子惊愕的表情，放声大笑。

凤英也笑了。

夫妻俩的笑声里充满了劫后余生的欢愉。

丈夫受伤，凤英一着急，做饺子馅时，她竟连盐也忘了放。

采访朱清章老人时，他不止一次提起那顿饺子。他说，那是他这辈子吃过的最好吃的饺子，他永远都不会忘。一顿忘了放盐的饺子，一辈子割舍不掉的恩爱牵挂，朱清章老人说，在他的记忆中，那顿饺子的馅是甜的。

在医院住了两个月后，朱清章伤愈出院。几天后，他的身影又出现在河滩沟二矿的井下，继续着一线采煤工的工作。

每天，朱清章继续给父母讲矿区新近发生的事情：矿上谁家的姑娘嫁人了，谁家的儿子娶媳妇了；包头矿务局又被评定为全国工业学大庆先进局；长汉沟矿的扇风机已改用了扭曲风叶；河滩沟矿引进了先进的瓦斯抽风技术设备，煤矿生产安全系数大大提高；父亲工作过的86建井处调往海勃湾矿务局，调走职工1700人；8月的一场大暴雨，让四个煤矿都停产了……

他希望母亲能听懂他说的话。他不会放弃，他会和妻子一起继续努力，他幻想着有一天，母亲睁开眼睛对他说：“儿子，妈妈不想再睡了！”他不知道那一天什么时候到来，还会不会到来，但他要坚持下去。

坚持守候，这是他和妻子坚定不移的信念。

冷热无常的日子在什桂图交错进行，季候刚进十月，天空居然飘起雨夹雪。一幅黑白老照片记录下那个秋霜浸染的时刻，照片中，河滩沟二矿井口处一条横幅上赫然写着一行字：“今天雨暂停，明天雪接着下。”

12

1984年，对于包头矿务局来说，是一个多事之秋。1月12日，五当沟矿二水平西一Ⅰ组Ⅰ1层工作面发生瓦斯爆炸事故，伤13人；6月12日，白狐沟矿康包西斜井发生瓦斯爆炸事故，9人死亡，直接经济损失达27万元；7月9日，河滩沟矿东一下山采区西翼回采工作面发生瓦斯爆炸事故，25人死亡，18人受伤。

警报一次次拉响，让生活在这里的人们毛骨悚然。

而这一年的冬天，对于朱清章来说，注定也是不平常的一个冬天。

“妈，又到冬天了，您不知道，您都睡了快10年了！这些年，咱们这儿变化可大了，矿区的人越来越多，煤矿马上要实行原煤生产承包，工人们都铆足了干劲！矿上加强对瓦斯、煤尘爆炸和水、火、冒顶事故的安全防护工作，生产比原来安全了很多。妈，清章去上班了，您儿子他不容易！妈，您有孙子了，他叫艳斌，还有孙女艳茹，他们可愿意和奶奶说话了。您一定要醒来，将来呀，您还得享受四世同堂的天伦之乐呢……”

这么多年了，凤英没有一天不盼望着婆婆能奇迹般醒过来。

冬日的这一天，当斜阳的昏黄隐退，夜幕四合之际，灾难再一次光顾这个多舛的家庭。

父亲突然剧烈地抽搐起来，他缩在墙角里，发出再也压抑不住的呻吟声。

“爸，又不舒服了吗？爸，您不能再这么硬撑着了，我去叫清章，我们去医院……”凤英焦急地说。

“艳斌，快去叫爸爸回来！”凤英对儿子喊道。

艳斌应声跑了出去。

贫寒出少年啊！只有四岁的艳斌已经像个小大人了。

艳斌跑出家门，他凭着模糊的印象朝着父亲下班回来的方向奔跑而去。

远远地，艳斌看见父亲走了过来。

“爸爸，爷爷又发病了！”艳斌抽着鼻涕说道。

朱清章的心一下子揪了起来，他抱起儿子快速向家走去。

自入冬以来，父亲的病就一直时好时坏，经常颤抖成一团，疼痛难忍，吃饭常常不入食道入食管，大小便更是常常失禁。父亲忍着不去医院，总说在家养养就好了，朱清章知道父亲是怕连累他和凤英，怕花钱。这一次，他不能再顺着父亲，父亲的病不能再拖下去了，他必须把父亲送到医院。

朱清章进家抛给妻子一句话："你在家照顾好妈和两个孩子。"凤英还没来得及说什么，他已经背起父亲走出家门。

朱清章背着父亲匆匆地向矿务局医院跑去，父亲伏在他的背上，像一个听话的孩子，安静极了。被病魔折磨得干瘦如柴的父亲，已经没有力气再拒绝儿子带他去医院了。

走在通向医院的路上，朱清章的心头溢满悲凉。这本是一条回家的路，而今，他却背着父亲离开了家，向着医院走去。朱清章想起他和父母刚刚来到什桂图的那一年，也是在这条路上，父亲背着他健步走过的样子，父亲一路都在憨笑，他对着阳光憨笑、对着星星憨笑、对着路边的树憨笑、对着飞奔而过的麋鹿憨笑，更对着行人憨笑。记忆中，父亲像是这条路上永远的憨笑者。

憨笑，曾一度是父亲对苦难和辛苦生活的幸福姿态。

他多希望让父亲还如从前一样啊！

父亲的乐观和坚毅曾经化解了那么多周遭的不幸，父亲一定会闯过这道难关，然后，一家人一起等候母亲醒来。

父亲病情急速恶化，矿务局医院表示无能为力，医生建议朱清章带父亲去包头中医院治疗。

第二天下午，朱清章带着父亲来到包头中医院，经医院专家诊断，父亲的病被确诊为外伤性震颤麻痹综合症，那是一种极罕见的病症，至今医学界尚无治愈的先例。

像当年母亲被医院确诊为植物人时一样，朱清章的心再一次跌到了痛苦的深渊，他徘徊在寒风中，不敢面对父亲那绝望的眼神。

在医生和朱清章的说服下，父亲终于答应住院治疗。

父亲住进医院一周后，矿领导通知朱清章到矿务局办公室。

接到通知，他不知道发生了什么事，但他猜到一定是与父亲有关，父亲确诊后，他的心一直悬着。是不是父亲又不配合治疗，他又闹着要回家了？

朱清章早早地来到矿务局。

矿务局领导对他说：“小朱，你父亲病得很重，必须有专人长期照顾和护理。他是个老党员，是咱局里的劳模，又是因工伤才成今天这样子，老人家病得这么重，我们也很难过，局里有责任也有义务照顾他。前几天，我们先后请了四个护工照顾老人家饮食起居，可这几个护工都没能坚持下来，考虑他们也不容易，都有难处，我们也不能勉强人家留下来。局里商量，我们想征求一下你的意见，要不由你来伺候你父亲，你看咋样？当然，你可以先回去考虑考虑，局里会尊重你个人的想法。”

“我同意局里的安排，我没意见，我也不用考虑，我去照顾我父亲……”他不假思索地回答道。

父亲生活不能自理，他身边怎么能没有人！

很快，矿务局办理了朱清章去护理父亲的相关手续。

从这一年开始，朱清章从他工作的河滩沟二矿调往父亲工作过的86建井工程处。遵照局里安排，从那时起，照顾父亲成了朱清章的工作。也是从那时起，朱清章和妻子凤英拉开了十年两地生活的帷幕，夫妻分隔两地，每人照顾着一个生活不能自理的老人。在包头中医院，朱清章开始了长达十年的守候，守候病重的父亲；在什桂图家中，妻子凤英也开始了长达十年的守候，守候植物人婆婆。

父亲住院不久后，卧病在床的母亲得了重感冒，高烧迟迟不退，什么也喂不下去，这可急坏了凤英，她记得丈夫曾经跟她说过，母亲清醒的时候爱吃西瓜。凤英跑遍了附近各家水果店，可还是没有买到西瓜。

凤英正着急，邻居王大娘的儿子突然出现。

“你是要进城吗？是去包头市里吗？你能帮我妈捎块西瓜回来吗？”王大娘的儿子是开出租车的，凤英像抓住了救命草。

下午，西瓜买回来了。凤英把西瓜放在柜子上，去厨房取勺子和碗，她得先把西瓜捣成汁液，再给母亲喂下去。

“哥哥，这是西瓜吗？西瓜很好吃吗？是甜的吗？”女儿艳茹望着那牙红红的西瓜问道。

“嗯，是甜的吧！就像白糖一样。”儿子艳斌思索着回答道。

两个孩子眼巴巴地望着柜子上的西瓜，你一句我一句地讨论着。

儿子快 6 岁了，女儿也 3 岁了，两个孩子还从来没有吃过西瓜。

母亲把西瓜汁都吃了下去。凤英把母亲吃剩下的瓜皮洗净、切碎，然后又拌了白糖放在碗里。傍晚的时候，两个孩子回来了，凤英对他们说：“孩子过来，你们尝尝，西瓜甜不甜？”

艳斌和艳茹欢快地吃起来，望着两个孩子，凤英忍不住哭了。在这个世界上，哪有不心疼自己孩子的母亲。

俗话说：久病床前无孝子。然而，朱清章和他的妻子，却用他们的生命和守候，实现了久病床前有孝子的传说。

父亲病重，朱清章服侍父亲半年没有回家了。有一天，妻子带着儿子和女儿到包头看望他们。父亲见孩子来了，他异常高兴，两个孩子没进过城，父亲拜托同病室的一个年轻人带着孩子们出去玩。两个孩子出去后，父亲想趁儿子不注意时，打算服下已准备好的 4 片安定，他想让自己多睡会，也好让儿子和儿媳好好说说话。

“爸，您这是干什么？干吗吃这么多药？”发现父亲要吃安定，朱清章很痛心。

父亲望着咆哮的儿子，像做错事的孩子一样流下了眼泪。

送走妻子那天晚上，朱清章又做梦了，还是那两幅叠加在一起的画面：儿时的他坐在父亲的独轮车上，满满的一车货，父亲吃力地蹬着车轮，不时地回头看看坐在货物上的儿子。阳光如织普照着德州的街道、房屋和来来往往的人们，在车轮飞转中，夕阳渐渐隐退。车上的货物已经卸掉了，朱清章坐在车上，风车在他的小手中缓缓地转着，父亲一手把着车，高扬着另一只手，大声喊道：“儿子，回家喽……”母亲戴着藏蓝色的方巾站在自家门前，向着他们父子回来的方向张望，他欢呼起来：“妈妈、妈妈……”

就在这时，另一组镜头又进入了他的梦乡，父亲斜挎着一个布袋子越走越远，渐渐消失在风雪中，任凭他怎么呼喊，父亲还是不见了……

这样的梦，他做过太多次，这样的梦伴随了他一生。朱清章在悲喜交加中醒来，窗外月光如练，借着朦胧的月色，他心疼地端详着熟睡的父亲，父亲的表情恬淡安静。他多希望父亲还如年轻时那样，一家人虽苦犹乐，平平安安的生活。他也希望那一刻的父亲也在做着和儿子童年有关的梦，若是在梦中，父亲一定还在哼唱那首儿子最爱的歌谣。

那次，父亲没有喝下 4 片安定，但那件事惊动了护士和同室的病友，大家劝说完父亲，又安慰痛哭流涕的朱清章，他们替他照看父亲，让朱清章放心去见了妻子。

凤英和他说了母亲的病情和家里的一些情况，他们边说边哭，朱清章知道一个女人独自撑起家里那一大摊子的事是多么不容易，望着又黑又瘦的妻子，他心如刀绞。

那次事情后，朱清章给妻子写了封信，他在信中写道："凤英，我亲爱的妻子，从你嫁给我那天起，你就一直伺候重病卧床、生活完全不能自理的父母，把二老视为自己的亲生父母。不论多难、多苦，你都在坚强地支撑着这个将要倒塌的家！我可爱的妻子，你在我心中，就是一位天使。你所付出的一切，我无法用语言表达我感恩的心。作为你的丈夫，结婚时，我没能给你体面热闹的婚礼，婚后，又没能给你幸福美满的家庭生活。凤英，你跟我受了不少罪，我亏欠你太多了。如果你实在熬不下去的话，就不要强迫自己往下熬了，另外再找一个条件比我好的男人，能真正让你一辈子幸福的人吧！我能理解你，我也心甘情愿，我实在不忍心让你跟着我受苦了。这是我的肺腑之言，作为你丈夫，我有太多责任没尽到，我非常内疚，我恐怕今生都弥补不了你……”

过一段时间，父亲的病有所好转，朱清章向医院请假回了趟家。一进家门，妻子凤英就拿出他写的那封信，双眼含泪，拍着他的胸脯说：“看你都写点啥？我是怕吃苦受罪的那种人吗？再说，没有苦哪来的甜！咱们的日子虽然过得艰难，可现在，我们一家人不是好好的？只要我们夫妻恩爱，有苦同当，有福同享，全家人在一起，就是吃糠咽菜，我也觉得幸福。”妻子的一番话，说得朱清章心里更不是滋味。

夫妻俩流着泪紧紧地拥抱在一起。

朱清章老人讲到这里就再也说不下去了，他侧过脸去，阳光照在他的脸上，浑浊的眼泪顺着他的脸颊蜿蜒地流了下来，滴在他的膝盖上。这是怎样的一种爱啊！时隔这么多年，还能这样地真切起来。

屋漏偏逢连夜雨。父亲住进医院不久，凤英的哥哥因车祸去世，凤英的嫂子难以承受丈夫去世的巨大打击，一夜之间，精神失常而丧失生活能力。

哥嫂有一个 9 岁的孩子。

凤英跟他商量，想帮帮这个孩子。

朱清章对妻子说：“把孩子接到咱们家吧！再困难也不差这一个孩子的口粮，我们当大人的苦点儿没什么，别苦了孩子。”

凤英没想到丈夫会这么说，她感动得直掉眼泪。

没过几天，凤英把哥哥的孩子接到了自己家中。

从此，这个孩子在朱清章家住了下来，在这个家里度过了他的童年和少年。他和艳斌一起上学、一起套野兔、一起捉山鸡，直到 1997 年，他才回到河南老家。现如今，他早已长大成人，在河南洛阳一所中学当教师。

朱清章家的日子一直过得很窘迫，为给父母治病和还债，自结婚以来，他和妻子从没添置过一件新衣裳。把凤英哥哥的孩子接来后，夫妻俩生活就更加节俭了，孩子没有什桂图户口，但他到了上小学的年龄，他们拿出节衣缩食省下来的钱，把孩子以借读生的身份送进学校。哥哥的孩子终于能和这里的其他孩子一样高高兴兴地去上学了，夫妻二人的心总算踏实了下来。

朱清章夫妇没有惊天动地的壮举，没有气吞山河的豪言壮语，他们只是千百万平凡人中最平凡的人，可在这平凡中，却孕育着中华民族最朴实的情感和最温暖的情怀。

▲ 矿山里的黎明

13

现在，去什桂图的路上，人们会经过一座大桥，桥的名字是水磨滩公路大桥，建成于1991年9月30日。这座桥的建成通车，对生活在那里的人来说是一件大事。在朱清章的印象里，这桥大大缩短了他和父亲回家的距离。

包头距离什桂图70多里，每天只有一趟班车往来两地之间，赶上雨季河槽上涨或是冬季大雪封山，每天一趟的班车也不能保证畅通。因为交通不便，也为了省下来回的车票钱，在父亲住院期间，朱清章每隔半年才带着父亲回一趟家。每次回家前，朱清章要从医院借一辆三轮车拉着父亲到车站，把父亲放在班车上，再将三轮车送回医院，然后他再跑着回到车站。有一次，送三轮车来回路上耽搁了时间，当他再跑回车站时，班车已经开走了，他只好沿着班车路线，从包头步行回什桂图。当他一路小跑着回到什桂图时，只见父亲还倚坐在车站路牌下等着他，父亲身

▲沿着这条河槽，朱清章带着父亲往返于医院与家之间

边放着大大小小的包。见儿子气喘吁吁地出现在眼前，父亲眼里溢满了泪水。

朱清章和父亲回家，孩子和凤英都高兴得不得了。回到家，他和凤英经常带着几个孩子去爬山，大青山上留下他们一家人的欢声笑语。

朱清章和凤英制订爬山规则，几个孩子举行爬山比赛。若是夏季，第一名奖励一瓶汽水加一根冰棍，第二名一瓶汽水，第三名是一根冰棍。孩子们只有在这个时候才能吃上一根冰棍，或者喝到一瓶汽水；若是在冬季，就用糖葫芦代替汽水和冰棍。爬山时，孩子们特别拼命，他们争先地喊道："我赢了，赢了……"

朱清章和凤英跟在孩子们后面，望着几个孩子欢呼跃雀着向山峰最高处爬去，他们的心情犹如春风拂过，舒展而欢愉。

大青山半山腰处，有夫妇俩开垦的菜地，孩子们爬累了，他们就钻到自家的菜地里嬉戏打闹。朱清章望着欢腾不止的孩子，又看看妻子，他有一种难言的苦涩。孩子大了，妻子也老了，凤英的两鬓已有了白发，发现妻子白发的那一天，朱清章做出了一个惊人的决定，他决定给妻子买一份礼物，庆祝他们结婚十周年，他要送妻子一个惊喜。

他想给妻子买一枚戒指。

朱清章跑到包头百货商场，一问价钱，他才知道，买一枚戒指竟要花那么多钱！他怀着遗憾走出商场，在他的身后，音乐在商场里轻轻响起：

> 轻轻地捧起你的脸，
> 为你把泪儿擦干。
> 这颗心永远属于你，
> 从此我永不改变。
> …………

大街上到处都是来来回回的人，人们脸上挂着幸福的微笑，一对对年轻的夫妇手挽着手，有说有笑地从他身边走过，朱清章羡慕地望着他们亲昵的背影，他多想和妻子也像他们一样享受一下惬意的人生！可怜的妻子，自从嫁给他以后，一直忙着照顾老人和孩子，不得一日空闲。可妻子从不抱怨，十年如一日地打理这个家。想到这儿，朱清章毅然转身，大步向商场走去，他要为妻子买下那枚戒指。

结婚纪念日那天，朱清章早早地起来，他刮过胡子，还换上一身干净的衣服。吃过早饭后，他背起父亲向车站走去，这一天的天气特别晴朗，湛蓝的天空飘着丝丝的白云。见儿子要带自己回家，父亲情绪也很好，车上的乘客也不像平时那么多，他竟然还有了一个座位。

朱清章突然提前回家，妻子很是不解。

“凤英，今天是个特别的日子，你忘了吗？”他微笑地问。

凤英很纳闷，“今天是什么特别的日子？”

“你往前想，五年、八年，或是再往前……” 见妻子一脸疑惑，他提示道。

凤英还是想不出。

儿子问：“是爸爸的生日吗？”

朱清章摸着儿子的头说：“不是，是比爸爸的生日更重要的一个日子！”

儿子好奇地望着他。

“10 年前的今天，爸爸和妈妈结婚了。儿子，你说今天是不是个很重要的日子？”朱清章问道。

凤英的脸一下子红了。

“我还以为是什么日子，都老夫老妻了，你就会跟我打哑谜！”凤英流露出幸福的表情。这么多年，难得丈夫还记着这个日子，她没有嫁错人，再苦再累她这辈子都值了。

朱清章把戒指从背后拿出来，灯光下，戒指散发出闪闪金光，好看极了。

“这个，你戴上。”

朱清章想亲手把戒指给妻子戴上，但当着父亲和孩子们的面，他实在有些不好意思。那个年代的人在表达感情方面，远没有今天的人们这样大胆而直白。一个时代有一个时代的情感表达方式，这无关乎守旧，也无关乎前卫。

凤英接过戒指，一股暖流涌到她的心头。

“这得花多少钱，一定很贵吧？你……你怎么就舍得！”凤英激动得语无伦次。

父亲探过头来，看着那枚金光闪闪的戒指，他流露出吃惊和羡慕的眼神。这个朴实的老人，在矿井下开掘了一辈子，为养家糊口，无数次受伤，最后落得终身残疾，他还从来没有见过这么好看的戒指。

凤英看见父亲瞧戒指的眼神，她的心掠过一丝悸动。

凤英把戒指拿到父亲跟前。

“爸，这个戒指送给您吧！以后啊，谁对您好，您就把它送给谁。来，我给您戴上。”凤英边说边把父亲的手端起。

父亲一时不知所措，他使劲地往回缩着手，凤英硬是把戒指戴到了父亲的手指上。

凤英托起父亲的手，“爸，您看多合适！”

父亲示意凤英把戒指戴在她的手上，凤英不肯帮他把戒指拿下来。

父亲眼圈红了。

“那……那就给你妈戴上吧！”父亲颤抖着把戒指从手指上拿下来。在儿媳凤英的帮助下，老人亲手把戒指戴到了母亲手上。

之于母亲，这是一份迟到了几十年的祝福啊！

每个人的生活中都有最美好的回忆，那是最值得珍惜、最值得珍藏的往事，也许它只是一个微笑，一句问候，甚至是一次浅浅的回眸，却足以让拥有这份回忆的人怀念一生。那天，凤英的举动就是这样。30 多年过去了，朱清章老人对这事记忆犹新。他一直活在妻子给他的温暖和感动之中。

1989 年，在朱清章和妻子凤英结婚 10 周年纪念日这一天，朱清章哭了，这个铮铮铁骨的男子汉被妻子感动得泪流满面。是妻子的善良与温柔，让他忘却了所有的艰难与不幸，让他忘却了身上的伤和心里的痛，也让他内心多了一份守望生命的勇气和力量。

在朱清章家窗外，人们常常能听到凤英给婆婆读报的声音：1990 年 12 月，长汉沟矿井报废封井。1991 年 4 月 10 日，宣布局属五当沟矿当日停产，组建五当沟多种经营公司，生产经营与正规矿井脱钩。从 7 月 1 日起矿井报废，能力注销。所余煤量由大集体小窑方式回收。9 月 27 日，全局首届职工、学生运动会在一中操场隆重举行。9 月 30 日，水磨滩公路大桥建成通车剪彩仪式……

凤英有着和丈夫一样的信仰，她希望母亲能听懂她说的话，她在守望母亲醒来。

在我的采访录音里，存着女儿艳茹说的一段话："就是忙，我妈妈从来没有停下来过，每天都是。山那么高，她挑着水上山给菜地浇水、施肥，回来后还得喂鸡，鸡下了蛋，她自己却从来不舍得吃……"

录音里，艳茹的啜泣声很轻很轻。

凤英的事迹感动了街坊邻居，邻里之间一片叫好声。

1988 年，凤英荣获"包头市敬老好儿女金榜奖""自治区敬老好儿女金榜奖"，同年，凤英又被中国妇联评为"全国敬老好儿女金榜奖"。1991 年，包头市妇联授予凤英"好妻子"奖等多项荣誉。

看着那一本本荣誉证书，抚摸着证书上那烫金的透着温暖的名字，让人有一种说不出的心酸，当然，还有丝丝的欣慰与感动。张凤英，这个美丽的女人，她勤劳、质朴、善良、坚忍、乐观，她身上承载着太多中国女性的美德。

▲ 朱清章和妻子凤英在山坡上开垦的菜地

14

1994 年，父亲在被病魔折磨了十几年后，心脏功能衰竭，他的生命走到了终点。

父亲临去世的前一天晚上，他把朱清章叫到跟前。

“儿子，在井下工作，一定要注意安全，什么时候都不能大意。管风、防水、防瓦斯、看顶板，下井的人都要懂。风是命、水是病，第一就是要管风，第二就是防水。倘若敲击顶板时发出咚咚声，那是坚硬的好顶。如果发出嘭嘭声，那是要冒落的零皮顶板声。淋头水增大、煤壁挂红发暗，说明顶板的压力太大。水叫、水涩，是将遇老塘空水的兆头。井下的温度突然升高，顶板有水珠，有煤油味，是马上要自燃发火的情形。咱们矿的安全措施本来就差，这些年又没人管理，一旦发生水、火、瓦斯事故，一定就是井毁人亡……”父亲说这些话的时候，大颗大颗的汗珠顺着他干瘪黑瘦的脸颊淌了下来。

看着虚弱的父亲，他悲从心来。朱清章心疼地对父亲说：“爸，我都记着呢！”

第二天天蒙蒙亮时，一宿没合眼的朱清章趴在父亲的床边，迷迷糊糊地睡着了。他做了一个梦，梦中父亲还在对他说着那些重复了很多遍的话，听着听着，他感觉到头被压住了，疼痛难忍。他从梦中醒来，父亲的手放在他头上，父亲的手冰凉僵硬，他惊出一身冷汗。

“爸，您怎么了？爸，您醒醒啊……”

父亲走了，在 1994 年冬日的一个清晨。

那重复了多次的叮嘱竟成了父亲临终的遗言。

凤英赶来了。

夫妻俩最后一次给父亲擦洗了身体。这头“老黄牛”就这样走完了自己多舛的一生。在朱清章心里，他从没有把父亲当成养父，他就是父亲的儿子。父亲也从没有把他当成养子，他就是自己的亲生儿子，自己唯一的儿子。这对父子没有血缘，但他们之间的亲情比血浓、比海深！

十年来，在包头中医院住院部的院子里，这里的医生和护士几乎每天都能看见一个中年男子背着一位瘫痪的老人晒太阳、聊天。从这一天起，那已熟悉多年的画面从他们的视线里消失了。

“父亲走了，我感觉天都塌下来了。”今天，当再次提起父亲时，朱清章老人还是这样说。

父亲，家里的这根顶梁柱，当年为了让妻儿活下去，他从德州出走，来到遥远的什桂图。父亲勤劳朴实，用良心做人做事。他热爱采煤工作，工作在一线，屡次获得劳动模范称号。他和来自祖国各地的工人一起参与到什桂图煤炭产业大规模开发的壮观历史时期，一起见证了什桂图从农牧时代到工业时代的变迁，他们是名符其实的第一代什桂图人。从1961 年来到这里，直到父亲去世的 1994 年，整整 34 年，他再也没有离开过这个地方，这里是他的第二故乡。

青山无语，绿水迢迢，当年和父亲一起来到这里的建设者，他们中的许多人和父亲一样，已经永远留在了什桂图纵横交错的山脉之中，这里是他们漂泊人生最后的一个驿站。而今，他们儿孙们中的大多数沿着他们走过的足迹，继续生活在内蒙古这片辽阔的大地之上，谱写着与他们相同又相异的人生。

安置了父亲的骨灰，朱清章和妻子回到家。一进家门，他对妻子说：“我想和咱妈单独待一会儿！”妻子点点头，带着孩子们走出了房间。

他走进父母的房间，父亲那满墙的奖状还在，它们镶着玻璃和枣红色的木框静静地躺在墙上，像一枚枚勋章，倦容裸露，默默地昭示着主人毕生的荣耀和艰辛。母亲熟睡如初，很安详。那一刻，他真羡慕母亲，老人家不用经历亲人生离死别的痛苦，外面的世界跟母亲没有一点儿关系。他哭着跪在母亲身边，像个悲伤的孩子，“妈，您醒醒、您醒醒啊！看看您的儿子吧……”

窗外，下雪了，银装素裹的世界里，天地一片静寂。

送走父亲，朱清章从医院回到家中。他和妻子商量着，想继续回到井下工作，这样可以多挣些钱。孩子们在渐渐地长大，家里用钱的地方越来越多了。

第二天，朱清章来到矿务局，他申请恢复原来的工作。

1994 年的什桂图矿务局已实行工资改革，工人积极性大大提高，但一大批矿井因投入和产出不匹配，不断政策性报废，什桂图区已有 11 对矿井报废封井，矿务局不得不进行裁员。

10 年之后，这里已不复从前的繁华景象。

▲停止运行的煤场

▲ 地质灾害

什桂图，素以“煤炭之乡”著称于内蒙古西部，这座有着 300 多年历史的矿山，已然走过了初期开发的黄金期，休整性的沉寂已是它必然的宿命。

朱清章想回到曾经工作过的河滩沟二矿是不可能了。为了养家，妻子凤英说，她也可以出去工作，河滩沟矿附近有一座五七连煤窑，很多矿工家属都在那里上班。

凤英跑到五七连煤窑，但是五七连煤窑也不再招工。

国有重点井田内，大井田被挖得伤痕累累，皮开肉绽，水土流失，环境污染，不少地方狂采滥伐，国家的煤炭资源遭到空前严重的破坏。1994 年，矿务局加强了对小煤窑的管理，实行统购统销。

朱清章和妻子商量着到底该做点什么。

最后，夫妻俩决定开商店。朱清章马上着手办理开店的手续，收拾房子，到包头市进货，很快，商店开业了。因为夫妻俩的人缘好，商店的生意还算不错。这在一定程度上缓解了家里的经济压力，小两口的日子又红红火火地步入正轨。

这个商店从1994年开业到1997年关闭，虽然只营业3年，却给矿区的人们带去不少方便。朱清章自己节衣缩食，但在骨子里他是个乐善好施的人。1995年春节，家在四川的一个矿工没有回家的路费，朱清章不仅借给他回家的路费钱，还送给他一些方便面、火腿肠、焙子等旅途食品。类似于这样的事情，在朱清章开商店的3年里发生过很多次，向他借钱的人，大多都是从外地来什桂图煤矿打工的工人，他们写给朱清章的欠条就有四五千元。时至今日，这些人再也没有回来过，当然，他们借走的钱也没有归还。对此，朱清章老人这样说："他们的日子过得也很艰难，否则，也不会向我开口。后来，河滩沟矿区的人都从那里搬走了，他们就是想还钱给我，也可能找不到我呀！再说，凡事都要顺其自然，我借给他们那些钱，送给他们那些吃的、用的东西，要是真的帮了他们点忙，我这心里就觉得值了，还不还钱，我觉得倒在其次，我希望他们现在都过上了好日子。"

没有抱怨，没有后悔自己当年的做法，有的只是对那些人的祝福。这么多年过去了，我们已经无法知晓当年得到朱清章帮助的那些人，他们是谁，他们在哪里，他们过得好不好。我们也无法知晓，在闲暇时光里，他们是否还能想起什桂图这个美丽的地方，他们是否还记得深山里那个朴实的小店主。当他们想起遥远的什桂图、想起当年那个小店主的时候，心里是否会飘过那么一份沁人心脾的感动与温暖？

人间有情，人们期待温情，期待和谐，那么首先自己做一个创造温情与和谐的人吧！就像朱清章那样，从平常事做起，从身边点点滴滴做起，从力所能及和微不足道的小事做起，勿以善小而不为，积跬步才能至千里，积小流方能成大海。

每个人心里都有英雄情结，所以人们崇拜英雄。但更多的时候，平凡的伟大更令人动容，那是润物无声般的默默奉献，是最温暖的感动。

商店的空房子，迄今还在。

▲尘封的商店

随着什桂图煤矿阶段性休整和恢复生态建设的需要，在政府组织下，生活在那里的人们开始有秩序地大批搬迁，那两间曾经人来人往的商店，孤零零地隐在山脚的低洼处，像那里其他的房子一样，早已是人去楼空，破败不堪。商店后一排排白杨树茂盛高大，在白杨掩映下，低矮的商店成了点缀，黑漆漆地横卧在白杨的绿荫中，就像是符号，岁月的符号，躲在这不为太多人知道的角落里，苍老而安闲，等待着它最后的尘封。往事已矣，物是人非，站在低矮的商店前，朱清章老人眼神里写满了对那块土地和那段岁月的怀念，那是他生命里不可或缺的沉甸甸的往日时光。

15

父亲去世不久，妻子病了。

一段时间里，凤英经常感觉浑身乏力，胃疼难忍，起初以为是着凉了，后来病情不断加重，时常疼得大汗淋漓，并且不能进食。朱清章带着妻子到包头市二医院做了全面检查，检查的结果是他做梦也没想到的。

检查完后，医生把朱清章叫到了办公室。

医生说："你要有个心理准备，通过全面检查和病理切片，基本判定你爱人的病情是胃癌，并且已经是晚期。"

医生的话，犹如晴空霹雳。

医生接着说："通过病理切片，那个肺部肝部都有转移灶，你们要抓紧时间办理住院手续。"

他无论如何都无法相信医生的诊断结果。

无常的命运，再一次将他抛入了痛苦的深渊。

朱清章拿着化验单，在楼道里来来回回地走着，看着那个“癌”字在他眼里无限地放大，他恍惚了。

凤英听见了他和医生的全部谈话。

她从丈夫手里拿过化验单，平静地说：“清章，我都知道了，你不要太伤心。”

直到这时，朱清章才回过神来。

“凤英，你……你怎么在这？什么时候进来的？”见凤英站在眼前，朱清章吓了一跳。

他太紧张了，竟然一点都没有察觉妻子一直都站在他身后。

“凤英，一定是医生弄错了，我再去问问！”他慌慌张张地转身，他要再去问问医生。

“我想回家。”凤英拉住他的衣角。

朱清章心里一片空白。

“清章，今天，咱们打出租车回去吧！我还从来没坐过出租车呢！”凤英只想快些到家，快些见到孩子们，快些见到婆婆。老天给她的日子不多了。

“好，你说咋回咱们就咋回！”他牵过妻子的手，果断地向出租车走去。

平生第一次，朱清章和妻子乘坐了出租车。一路上，凤英一句话都没说，只是呆呆地望着家的方向。朱清章紧握着妻子的手，他让妻子把头靠在自己的肩上，凤英顺从地把头埋在丈夫的怀里。

一进家门，凤英就对他说：“清章，我想单独和咱妈说几句话。”说完，妻子走进婆婆的房间。

“我想单独和咱妈说几句话。”这句话多么熟悉！父亲去世时，朱清章也这样对凤英说过。守候母亲，守望生命，他们一直在期待母亲的苏醒，并从这坚持不懈的守望中获得了力量，这力量支撑着他和妻子克服了生活上一个又一个的磨难。母亲，这位沉睡着的老人，是他们夫妻共同的精神支柱，无论遭遇到多大的困厄，只要一想到母亲还在，他们就有了坚持下去的勇气。今天，母亲还能给身患绝症的儿媳这样的能量吗？

朱清章背靠在门上，浑身像散了架，他该怎么办啊！

妈，您就帮帮您的儿媳吧！

“妈，我是你儿媳张凤英，我得了胃癌，儿媳恐怕要走到您前头了。我进朱家这么多年，咱娘俩是天天见，我喊过多少次妈，您也没有答应过，直到今天您都还不认识我。妈，咱们一辈子积德行善，从来没做过伤天害理的事，我咋就得了这病呢！妈，我不甘心，不甘心！”凤英伏在婆婆的枕边哭了起来。

“妈，我要先走了，您老人家别生我的气，以后这个家的担子就落在清章一个人身上了。这么多年，他一个人在外面赚钱养家很不容易，以后，清章对您要是有照顾不周到的地方，您要多担待，要是有下辈子，我还做您朱家的儿媳。”她边说边哭，她舍不得这个家，来到这个家这么多年，每天都在忙，伺候老人，抚养孩子，养鸡种菜，打理家里的一切，她从没感觉到累，在她心里，她还有好多事没来得及做呢！孩子们还没有长大，婆婆也一直没有醒来，她在嫁给丈夫的时候承诺过要照顾老人一辈子。可现在，自己竟然要先走了……

朱清章站在门外，听着妻子对母亲说的话，他心如刀绞。

朱清章想起他和凤英结婚那天，凤英对母亲说的话："妈，我是张凤英，从今天起，我就是您朱家的儿媳了，您要是听见了，就快点好起来，让清章和我好好孝敬你。清章，咱们给妈磕个头吧……"那时的凤英浑身洋溢着青春的气息。

这一切好像是发生在昨天的事情。老天啊！你为什么跟我开这么残酷的玩笑！

第二天，朱清章带着妻子回医院做手术，他们把母亲和两个孩子暂时托付给邻居和凤英的姐姐。临走前，妻子仔细地给婆婆洗头、擦身体、换尿布。她怕自己再也没有机会做这些事了。

医院马上安排做手术。

手术后第三天，凤英在医院就待不下去了。

朱清章从医务室回来，凤英对他说："清章，你帮我问问医生，啥时候能出院回家？"

"医生说了，你还没有康复，咱不能着急。"他不能同意妻子回家。

凤英说："我每天躺在这，就是吃药和睡觉，回了家也一样，这一天得花多少钱！咱们好不容易攒了点钱，我这一病，哎……清章，你跟医生说点好话，让我回家养病吧！我求你了！"凤英不停地求他，他只好去找医生。

经协调，医院同意凤英出院。

从医院回到家里，凤英感觉轻松了很多，她又每天可以看到孩子们和时刻都需要人照顾的婆婆了。朱清章不让她再干活，可看着丈夫忙前忙后，凤英心里很不是滋味，趁丈夫不在家时，她把饭菜做好，给婆婆换洗衣服、喂饭，打扫家，每天忙个不停。为此，她没少挨丈夫埋怨，但她还是停不下来。凤英知道自己的时间已经不多了，她在争取一切能够争取的时间，她想为这个家再做些力所能及的事。看着妻子每天这么忙碌，朱清章心里愈发难过：凤英，你怎么就这么傻！都这时候了，你还是不顾及自己的身体，你真是不要命了！

可凤英的时间真的不多了，每每想到这儿，朱清章就不敢再想下去。

除了上班，朱清章尽可能多腾出些时间和凤英在一起，他想多陪陪妻子，对于自己的妻子，他深怀歉疚。可凤英却比之前更忙了，她总是有忙不完的事，帮着他料理家务，照顾老人，给孩子辅导功课。一到晚上，她就整夜整夜地给家里人打毛衣，任朱清章怎么劝都劝不住，也就只好由着她了，只要妻子高兴就好。

两个孩子渐渐长大，女儿艳茹经常对凤英说："妈，我长大了要做医生，我要治好奶奶和你的病。"每次听到女儿这么说，凤英都感到既欣慰又心酸，她为女儿的懂事而高兴，也为不能陪着女儿长大而难过，女儿很漂亮，她多想看到女儿披上婚纱步入婚姻殿堂的样子。儿子艳斌已经开始学着帮家里做些力气活，劈柴、拣煤渣，有时候还帮着她给奶奶翻身、擦拭身体。偶尔闲下来，也像他父亲当年一样，他就跑到山里去采药，看医书。看着儿子默默地为她做的这一切，凤英的心都碎了。她嘱咐两个孩子，要听爸爸的话，要多陪奶奶说话，要好好学习……

对于这个家，她有太多的不放心、太多的不舍。

日子就这样过着，两年很快就要过去了。

凤英走到了生命的尽头。

在凤英去世的前一周，她把丈夫朱清章叫到跟前。她镇静地对他说："清章，估计我没几天时间了，你也别难过。你答应我，我走后，你一定要好好伺候咱妈，让孩子好好上学，如果能考上大学更好，你就省心了；如果考不上大学，你也要想想办法，帮孩子找份工作，让他们自食其力，给孩子成个家。我走后，你再找一个老伴儿，也好照顾你的生活。我跟了你十几年，虽然没享过几天福，但你对我好。我生病这两年，你寸步不离地守着我，我也没什么遗憾了，这辈子跟着你，我不后悔。我要走了，可我真舍不得这个家，舍不得你和孩子。我走后，你不要太难过，咱妈和两个孩子还需要你照顾，你要挺住。如果有下辈子，我还做你们朱家的媳妇，我还愿意和你一起做夫妻！"

"我的傻妻子，我答应你安排好两个孩子，照顾好母亲，照顾好自己。如果有下辈子，我们还做夫妻……"朱清章抱着妻子，泪如雨下。

1997 年，妻子凤英离开了人世。

她把一生都奉献给了这个家。

凤英默默的一生显得过于漫长，漫长得都没有片刻的休息，整整18年的时间都在为这个家忙碌；可又过于短暂，短暂得连婆婆都没能记住她的模样、她的名字，她就匆匆离去了。

“她就是天使，上帝派来的天使……”

执子之手，却未能与子偕老。从朱清章老人近乎心灵独白的且泣且诉中，我体会到了深藏在老人心中那份无法排遣的深沉哀痛。

凤英，这个河南妹子，在朱家劳碌了18年之后，静静地走了，这是一个极具东方传统美德的普通中国女人，她的无私，她的乐于奉献，永远光耀着她的后人。

妻子走了，朱清章感觉一下子垮了下来，但母亲还在，还需要他悉心照顾，他必须咬紧牙关挺着。朱清章接过妻子生命的接力棒，记着妻子的嘱托，再次开始独自操持这个家。他没有理由垮下去，他没有资格垮下去，尽管他那时心里悲痛万分，但他不能放弃。一有空闲，朱清章就去墓地看望妻子，他担心妻子一个人寂寞，他想和她说说话。

“每天一大早，我就按你说的给咱妈擦洗、按摩身体、喂饭，我希望她老人家能醒过来。儿子艳斌又长高了，学习成绩也比原来好了。艳茹总是一个人偷偷地哭，女儿最想你。昨天，她还采了花来看你，你看到了吗？”朱清章跟妻子唠叨着家里发生的事情。

妻子走了，他为没能让妻子过上舒坦的日子而自责，这么多年，妻子是积劳成疾，否则怎么会走得如此匆忙。

朱清章时刻不忘妻子临终时说的话，他是这个家的顶梁柱，顶梁柱就得撑起这个家，就得照顾好母亲和孩子，尽他所能让家人过得好。这是妻子的嘱托，更是他的责任。

2015 年 5 月 10 日，这一天是母亲节，朱清章老人去看望他那天使一样的妻子。

“这么多年，我感觉我的妻子从来没有真正离开过我，她一直都在陪着我。”朱清章老人在路上这样说。

他和妻子一直在对话，他们之间没有忘川。

去凤英的墓地，要爬过两道高高的山岗，朱清章老人说路很远。再远的路也只是距离，再高的山也只是个坡度，他那已经在那里安息了近二十年的妻子，永远像丰碑一样屹立在他的心里、他儿女的心里，还有像我们一样了解他们故事的人的心里。

凤英，这个一直忙碌至死的善良女子，给我们提供了一个任人仰视的人性高度。

善良是珍珠，善良的人优于伟大的人。

上山的路依然荆棘遍布，这一次，我看见了正在开放的花儿，一簇簇、一丛丛，煞是好看，随行的朋友说，这是山玫瑰。

山玫瑰，多么好听的花名!

经过一个小时的攀爬，我们来到凤英墓地所在的第二座高高的山岗上。这里，山玫瑰遍野，花海一样，浅黄色的玫瑰花瓣在阳光下温柔开放，美丽、宁静、从容不争、质朴却闪耀，像极了凤英这个人。

这里的山花是为她而烂漫。

凤英的墓地，简单而朴素，亲切无邪中蕴藏着一种不动声色的庄严和尊贵。墓碑很简陋，那是一块没有经过雕琢的不规则的长方形石板，在这座山上，这样的石板随处可见。镌刻在墓碑上的字，虽历经风霜雨雪，却未见斑驳，字迹清晰鲜活。朱清章和儿子来祭祀凤英时，他们总不忘带上一桶红色的油漆，每次，儿子都会认认真真地描摹墓碑上刻着的"慈母张凤英之墓"这几个字。

朱清章老人放下手中的花，紧挨着墓碑坐了下来。老人靠在墓碑旁，静静地想着、看着，轻轻地抚摸着墓碑上妻子的名字，老人的神情自然、亲切得没有半点修饰。

这是最美的依偎。

站在凤英的墓地向下看，远远的山下沟壑叠翠，一大片浓郁苍苍的树木簇拥在一座小楼的周围，绿树合围的景致很是惹眼，那是朱清章和凤英的家。凤英安静地躺在他们曾经居住的那栋小楼的后面，遥望着她和家人生活了多年的家园，春夏秋冬，日日夜夜。凤英用一生实践了她嫁进朱家的诺言：夫妻同甘共苦，共同伺候父母，不离不弃……也因此，朱清章老人才说："我羡慕我的妻子，她这一生活得金光灿烂的，实现了自己全部的诺言……"

四野静寂，凤英留在世间的一对儿女，带着和她相似的面容，继续在人间风尘仆仆，在城市的某个角落里生活和劳作，像他们当年一样辛苦而有爱，以善良的情怀，迎接着每个黎明，充实而朴素地生活着。

眼底是她挚爱了一生的家园，身边时有玫瑰相伴的馨香，凤英啊，愿天堂的你，温和从容，岁月静好！

▲朱清章和妻子生活过的小楼

16

儿年的时光很快又过去了。

2002 年除夕，朱清章把煮好的饺子端到母亲面前，跪着对母亲说：“妈，今天是年三十，咱们吃饺子，儿子给您磕头了！我会一直陪着您，爸和凤英都走了，他们在那边也会保佑您，保佑咱们这个家，妈，儿子盼着您能好起来……”

“爸，我来给奶奶喂饺子吧！”女儿艳茹不知什么时候走了进来。

“爸，辛苦了，儿子给奶奶和您磕头了！”艳斌跪在地上磕了两个头。

朱清章百感交集，两个孩子都长大了，他们很懂事。要是父亲和凤英都在该有多好！

这一年，白发染尽青丝，朱清章已是华发丛生。

2003 年的一个清晨，像往常一样，朱清章端着早饭来到母亲跟前。这一天，太阳似乎起得特别早，阳光早早地透过窗棂照进了母亲的房间，他突然感觉母亲这一天与往常不太一样，阳光在母亲的额前闪烁，老人的脸看上去暖暖生辉。他惊奇地端详着，母亲的表情温润而平静，像是回到了几十年前的样子，没有久病在床的变形和浮肿。望着母亲，一股清澈的力和强烈的感动，像激流一样涌上心头，他的眼睛湿润了……

奇迹，就在这个清晨发生了。

“妈，今天，儿子做了您爱吃的炒鸡蛋，您要多吃点，起来喽！”朱清章慢慢将母亲扶起来。

“妈，今早，咱们的邻居又搬走了两户，搬到乌海去了，我爸去过的那个地方，您还记得吧……”他跟母亲念叨着。

这天早晨，给母亲喂饭比以往顺利一些。他给母亲掖了掖被子，准备转身离开，他要去上班了。

就在朱清章起身那一刻，他突然感觉衣角被勾了一下，他下意识地回头看了一眼，又要转身的一刹那，他似乎察觉到了什么，他回过头，惊讶地看着母亲。

“妈，是您勾了我衣服吗？您有知觉了吗？妈……”

“妈，如果是您，您就朝我点点头，或者眨眨眼睛，怎么都成，您告诉我，妈，您醒了吗？”

他急切地盯着母亲，可母亲一动不动，他继续目不转睛地看着母亲，10 秒、20 秒、30 秒……大约一分钟后，母亲的眼睛眨了几下。

“妈，您有知觉了，您真的有知觉了！”他兴奋得不知所措。

“妈妈，您终于醒啦！您知道吗？你这一睡就睡了快三十年了！妈，您看看儿子，还有艳斌和艳茹，你的孙子和孙女……”

几十年以来，朱清章一直希望母亲能醒过来，他一直在等待着母亲醒来。可当母亲真的有了知觉，他激动得不知道要做什么、要说什么了，他搓着手在母亲跟前来来回回地走着，像个孩子一样不停地喊着：“妈、妈……”

突然，妻子凤英的影子浮现在他的眼前。

“凤英，去告诉凤英！”他飞奔着向凤英墓地跑去。

“凤英，你知道吗？咱妈有知觉了，凤英，是你在保佑我们吗？你伺候了咱妈 18 年，你临走时叮嘱我一定要把咱妈伺候到底，你走后，我一直都在守候着妈妈。凤英，是我们的孝心感动了老天吗？咱妈真的有知觉了，她能听见我说话了，她伸手拉我的衣角了！我会努力照顾她，争取让她老人家醒来，重新站起来，让她长命百岁，等着咱妈的好消息，一定要等着！凤英，你要是能看到这一切该有多好……”往事一幕一幕浮现在眼前，他哽咽了。

这样的幸福时刻，他多想和妻子一起分享。

天亮了，朱清章迎来了几十年以来最明媚的黎明。

母亲有了知觉，这成了全家最大的喜事。朱清章下决心一定要竭尽全力，他要让瘫痪几十年的母亲重新站起来。

朱清章对母亲的照顾更细心、更周到了，每天，他按时给母亲按摩、梳头，用热毛巾敷母亲的胳膊和腿，帮助母亲弯曲关节、活动肌肉。虽然母亲还在沉睡的状态，但是他坚信，现在他对母亲说的每一句话，母亲是真的都能听见、能听懂了。每每想到母亲能醒来，能重新站起来，能和正常人一样生活，他都高兴得想哭。只要母亲能好起来，经历的所有艰辛都值了！

时间又滑过了一年。

2004 年的一个黄昏，刚刚下过一场雨，矿区的空气异常新鲜。马鞍山和大青山苍翠葱茏，连绵的山峰之巅彩虹高悬。楼后的松树青翠欲滴，几只苍鹰翩翩而起，向着层峦叠嶂的山峦和彩虹飞翔而去，雨后的什桂图美景如画。

这天黄昏，朱清章给父亲上香，跟父亲念叨着母亲和孩子们的事情。突然间，他发现照片中的父亲仿佛在微笑，对着母亲微笑，他走上前仔细地看着父亲，父亲真的面带笑意。这么多年了，他竟没有察觉到父亲留在照片上那丝浅浅的笑。

“爸，您是知道母亲醒过来了，是吗？您在那边还好吧？”他轻声地问道。

给父亲上过香，朱清章来到母亲跟前，他惊奇地发现，母亲的表情竟然也带着笑意，睫毛似乎还在微微地闪动着。难道，这就是母亲和父亲之间的心有灵犀？

他回头看着父亲，照片中的父亲真的在微笑。他转过身再看母亲，母亲依然还是面带笑意。

父母在对话吗？朱清章泪光闪动。

“妈，今天感觉怎么样？是不是好了很多？今天想吃什么？儿子给您做去！”

过了一会儿，他看到母亲的嘴在动，像是在说什么。

“妈、妈，您要说话？您真的要说话吗？您要说什么？”他激动地把耳朵靠近母亲的嘴边。

“粥……”声音很微弱，听起来像是“粥”的发音。

“妈，您再说一遍、再说一遍，声音大点儿！”他把耳朵贴到母亲的嘴上。

“粥……粥……粥……”母亲连说三个“粥”字，虽然很轻，虽然断断续续，虽然吐字不清，但他听到了，他听清了，母亲是说“粥”，母亲想吃粥。

“妈，我听见了，儿子听见了！”他的心几乎跳出了胸膛。

母亲，终于能说话了。

有心人，天不负！

他流着眼泪跑进厨房，开始熬粥。

那一顿饭，母亲吃得特别开心。

这一天的黄昏，什桂图的天空，漫天霞光。

朱清章找出了那把尘封已久的二胡。

父亲和凤英走后，这把二胡还是第一次被拿来。端坐在母亲跟前，他拉响了久违的旋律。

自这一天起，朱清章开始不停地引导着母亲说话，母亲说的话由一个字变成两个字，又增加到三个字、四个字……虽然缓慢，并且吐字很不清晰，但他相信母亲一定会好起来。渐渐地，母亲的眼睛睁开了，又过了一段时间，她的大小便也逐步由失禁变得自控。慢慢地，他发现母亲的身体不像原来那样僵直了，手脚伸展也一点点自如起来。偶尔，母亲还能在他的帮助下将腿盘起来，端坐那么几分钟。

转眼，2005 年的冬天到了。

这个冬天是个暖冬。山巅的积雪在正午阳光的照射下，发出闪亮的光芒。

冬天的一天，朱清章把一壶水放到火炉上后，便去院里劈柴，过了一会儿，他想回屋看水烧开了没有，推开门，他惊呆了，他看见母亲站在地上，正伸手去拎那壶烧开的水。

他惊呆了。

“妈，您能站起来了！”

他赶紧跑过去扶住母亲。

“妈，您太了不起了！”他向母亲竖起了大拇指。

“您不能拎这么重的东西，您还得慢慢来，您能站起来啦！”他太高兴了。

“水……水开了，你不在，我……我拿开……”母亲断断续续地说。

母亲能站起来了，朱清章百感交集。

细细算来，自 1974 年冬天，母亲突然晕倒到这一天，这是 31 年以来，母亲第一次站在他面前，第一次跟他说这么长的一句话。31 年，他终于等来了这一天！这 31 年，他经历了太多辛酸苦涩，尝尽人生百味，母亲站起来了，母亲终于站起来了！

自此，这位在床上躺了 31 年，不会说话、不能行动、没有意识、大小便失禁、生活完全不能自理的植物人母亲，在儿子和儿媳的精心照料下，终于苏醒并站了起来，这不能不说是一个奇迹，是医学的奇迹，是人间的奇迹，更是生命的奇迹。周围人都说，这是老人的儿子和儿媳的孝心感动了上苍，才将沉睡了 31 年的老母亲唤醒。

孝心能创造生命的奇迹，能演绎人间神话。

母亲终于醒了，朱清章说所有的辛苦和艰难都过去了。31 年的守候，这对于一个人的生命而言，绝非是一个短暂的瞬间，朱清章从满头青丝到白发皓首，这才是过程。美国美学评论家鲍桑葵先生说过一段这样富有哲理的话："在人类发展史上，最基本的时间计量单位是一百年，人们只是关注哪个世纪，最小的时间单位无非是把一个世纪分为三段，成为世纪早期、世纪中期和世纪末期，三五年是不值得一提的。"由此，对于历史而言，31 年也不是太短的一瞬吧！

尽孝，要经得起时间的检验。

而今，已是满头银发的朱清章老人，已然忘记了 31 年守候的艰难，忘记了 31 年等待的煎熬。31 年，朱清章用自己的双肩扛起了生命的重量。匆匆岁月中，生命可贵而易逝，乍看春红转眼成冬。每个人的生命都有长度，对于个人的生命来讲，31 年不是一段短暂的时光，朱清章老人却说，

◀母亲缝衣服

▲和母亲做饭

母亲醒来后，31 年就化作了一瞬间。老人豁达乐观至此，也许，这才是那 31 年的守望赋予他最珍贵的财富！

现如今，89 岁的母亲面色红润，老人家不仅能做针线活、缝被褥、衣服和袜子，还能打扫房间、做饭、洗衣服，在儿子的陪伴下，去逛超市和菜市场。

对此，邻居们啧啧称奇。

如果有一天，我们也睡着了，而且一睡就是 31 年，就像做了一场梦，梦醒后，31 年一晃而过，那该是多沉重的一声叹息！我们无法知晓，对于母亲韩福珍老人来说，31 年的记忆会是怎样，也许真如梦一场，醒来后，她的有些故人故去了，丈夫也已经离世多年；曾经年轻帅气的儿子，仿佛倏然间变成了白发苍苍的老人；而从未谋面伺候了她近 20 年的儿媳也已阴阳两隔，她只能从照片上看见儿媳的音容笑貌。但是，从老人看儿子的眼神和她嗔怪的话语里，我们深深地感受到，如今，她想要做的是弥补 31 年来对儿子那份缺失的母爱。

现在，朱清章一家住进了什桂图棚户区改造项目建设的新楼房。母亲享受着政府每月发给的抚恤金，艳斌和艳茹都十分孝顺，一家人其乐融融。朱清章老人告诉我，每当母亲看到他做家务，母亲总是嘱咐他别累着；他要出去办事，母亲会叮嘱他早点回来，多穿衣服。在母亲眼里，他还是个孩子，这让他感到无比的幸福。

生命因守候而温暖，而充满希望。

▲陪母亲散步

▲母亲包饺子

17

因为31年如一日守望生命，因为守望唤醒了沉睡31年的母亲，朱清章感动了什桂图，感动了内蒙古，感动了中国。

2011年，第三届全国道德模范评选活动中，在组织和群众的推荐下，朱清章荣获了全国“孝老爱亲”道德模范称号。他说：“我是一个平凡的不能再平凡的人，我和我的妻子尽了我们应尽的责任，做了我们应该做的事情，仅此而已。父母养育了我们，我们要懂得感恩。”孝老爱亲是中华民族的传统美德，百善孝为先，一个人如果连父母都不懂得孝敬，就很难相信他热爱党、热爱祖国和人民。

母亲韩福珍醒来以后，儿子艳斌和女儿艳茹也相继成家立业，朱清章每次出去办事都不得不把母亲一个人留在家中。有一次，他讲座回来，见母亲跌坐在地上，她的眼睛碰伤了，瘀青一片，他紧张极了。母亲刚刚过上正常老人该过的生活，如若再出什么意外，那可如何是好！直到

▲朱清章在党旗下庄严宣誓

荣誉证书

朱清章同志被授予：

全国孝老爱亲模范

中共宣传部　中央文明办　总政治部

全国总工会　共青团中央　全国妇联

二〇一一年九月

◀朱清章荣获了“孝老爱亲”道德模范称号

这时，朱清章才想起凤英临终对他的嘱咐，他确实需要一个人来帮助他，帮助他照顾母亲、照顾这个家。

缘分有时真的很奇妙，就在他需要有个人来帮助的时候，一位淳朴的女人走进了他的视线，她就是支大娘。

同样是在 2015 年的这个夏天，在朱清章家中，我见到了支大娘。她不怎么爱说话，当问及他们是如何相识的时候，支大娘的脸红了。

“可能，这就是命，遇上他是我命里注定的缘分。”支大娘有点腼腆地说。

命里注定的缘分，这是最好的相遇和相逢，之于感情，这是最美丽的注脚。我们故事的主人公朱清章，在人生的又一转折点，遇见了他生命中的第二位天使。

“之前，有人给我算了一卦，算命的人说我以后要找的老伴是位个头不高，有点胖，眉毛很浓，心地善良的男人。经人介绍，他从包头去呼和浩特和我见了面，还真让算命的人给说中了，见他第一眼时，我都被惊着了，这不就是算命的人跟我说的那个男人吗！” 支大娘微笑着对我说。

“我把家里的情况都一五一十地说给了她，跟凤英一样，她也是一进这个家，就得照顾老人。母亲虽然行动方便了，但毕竟年纪大了，离不开人，得有人陪着。”朱清章老人诚恳地说。

“只要咱们之间感情好，咱们能在一起相互搀扶着过日子就是缘分。

咱们是一家人，你的母亲也是我的母亲，你怎么照顾她老人家，我也照着做。”支大娘如是说。

“就是他了，他能对他母亲那么好，对我肯定也赖不了！”支大娘很确定，朱清章就是她要寻找的另一半。

“他能对他母亲那么好，对我肯定也赖不了！”当年，凤英也这么说。

就这样，2007 年，两位老人携手走进了新生活。

支大娘把家里打理得井井有条，把老母亲也收拾得干干净净。朱清章老人感觉一下子轻松了很多，有支大娘在，外出办事时，他再也不用担心母亲会出什么意外了。

老母亲和支大娘两人经常像孩子一样，她们既是母女又像朋友。一次，有一位爱心人士从山西卫视看到了朱清章老人照顾植物人母亲的事迹后颇受感动，他给老太太寄来 500 元钱。

支大娘故意对老母亲说：“妈，我天天照顾您，把钱分给我点呗！”

老太太小心翼翼地把钱揣进兜里，面色凝重地对儿媳说：“我先替你保管着，你拿着会弄丢的。”说完，老太急匆匆走进了卧室。

第二天一大早，老太太把一个叠得方方正正的布包递给儿媳妇说：“这是给你的，你拿去买好吃的吧！”

支大娘打开一看，差点儿眼泪都笑出来了。

原来，母亲在布包里包了一块钱。

朱清章老人笑着说，类似这样的小故事，几乎是每天都会在他家发

▲朱清章夫妇陪母亲遛弯

生，母亲就像个孩子，跟她在一起很开心。

一晃 8 年过去了。

朱清章和支大娘相扶相持，一起陪着母亲愉快地生活着，母亲的身体也越来越好了。偶尔，他们之间也有矛盾和分歧，每当这时候，他们都会做出相应的让步。

“这过日子，哪有勺子不碰锅沿的！真心对待对方，对方回馈的也一定是真心。人心换人心嘛！”朱清章老人很知足地说道。

人到晚年，还有老母亲陪伴在身边，这是一种别样的幸福。朱清章说，只要母亲在，他就觉得自己永远是个孩子。母亲能苏醒过来像正常人一样过活，这是老天对他们母子失去那 31 年的一种补偿，他要好好把握，好好孝敬母亲。

当谈到对母亲几十年如一日的照顾，朱清章老人说：“儿子孝敬父母是天经地义的事情，我不图别人怎么夸我，我只希望母亲无病无灾，快快乐乐地安度晚年。她能恢复到现在这个样子，我已经满足了。我也希望我对母亲的这种孝心能够延续下去，并能给现在的年轻人和社会传递一种正能量。”

“父亲吃过很多苦，他身体好的时候，一直不想让我到井下工作，他不是个很爱讲话的人，他很疼我。”朱清章老人又不自觉地谈到了父亲。

父亲朱明义已经离开他和母亲 31 年了，提到父亲，朱清章仿佛又回到了和父亲在一起的日子。他多想父亲还健在，多想让父亲知道母亲已经苏醒的消息，多想一家人和和美美地尽享天伦之乐。逝者已矣，生者还得向前。他现在最重要的事情就是好好照顾母亲，为了父亲、为了妻子，他都必须这样做。这是一场生命的接力赛，父亲和妻子把接力棒传到了他的手中。他说他很珍惜，他说他不想来生的时候，无颜去见父亲和妻子。

在朱清章家，我见到了早些年他和父亲的合影。照片中的朱明义年轻帅气，在他的身边站着当时只有 10 岁的朱清章，他们长得很像，太像了，一样的浓眉，一样的面部轮廓，甚至是一样的神态。也许，这就是人们常说的“生不如养”吧！是缘分和天意，让这对没有血缘的父子相遇、相像、相惜又相爱。

天地大美不言，人间大爱无声。

2015 年，65 岁的朱清章和 89 岁的母亲应中央电视台春晚组委会的邀请，一同赴北京参加 2015 年央视春晚录制。

近年来，包头市文明办在推荐、关爱、帮扶、礼遇道德模范和“身边好人”等方面做了大量卓有成效的工作。为了确保朱清章和母亲赴北京录制春晚平安顺利，市文明办专门组织工作人员和两名志愿者一同前往北京，协调相关事宜，照顾老人生活起居。

随行的志愿者、包头义工联合会会长乌兰告诉记者：“老太太这次可激动了，心情好，话也多，连表达能力都比以前强多了。”

乌兰通过几天照顾老人的经历，她感慨地说道：“他们特别节俭，朱清章上春晚时穿的红袜子，下面还补了补丁。”

乌兰所说的补了补丁的红袜子，是母亲给朱清章补好的。

“母亲节俭惯了。年前，母亲还给我做了几双鞋垫，平时只要看见我的袜子有破洞，她就赶紧补好，让我继续穿。上春晚的那双袜子是临行前母亲补好的，母亲说让我穿上，红红的，好看。我就依了她，只要老人家高兴，怎么都成！”朱清章幸福地说。

在朱清章家里，还有十多双母亲一针一线缝补起来的鞋垫和袜子，他都没舍得穿，而是悄悄地保留了下来。在《朱妈妈的一天》这张光盘中，我们也能看到这样的生活镜头：母亲认认真真地给儿子缝着已经脱落的纽扣，朱清章坐在母亲的身边，脸上洋溢着幸福的表情。这就是母爱，润物细无声，只要一息尚存，身为儿女的他或者我们就如沐春晖。

一粥一饭当思来之不易，半丝半缕恒念物力维艰。朱老太太是在不自觉中践行着这两句人人都耳熟能详的《治家格言》。母亲生来勤俭质朴，恪守清贫，对于她来说，艰辛就像是生活本来的意义，而化解艰辛的方式就是接受生活现状，然后就是节俭，再节俭。

这是母亲一生的本色。

除夕之夜，央视春晚直播现场，全国道德模范朱清章携母亲韩福珍出现在亿万观众的视野里，他 31 年如一日照顾植物人养母直至母亲苏醒的孝心故事感动了数亿中国人。

主持人问他："现在看到妈妈和咱们观众一起坐着看春晚，您是不是特别欣慰？"

"我是世界上最幸福的人，89 岁的老妈妈还健在，我还能尽孝。我

▲ 2015 年在春晚

的愿望就是希望再让我妈妈多活 30 年，我要每天拉着妈妈的手去遛弯儿。”朱清章老人深情地回答。

朱清章在春晚直播现场讲这番话，现场的很多观众都落泪了。

就是这样，以春晚一个已在中国重复 30 多次的晚会样式，朱清章由一个平常人而一夜之间变得家喻户晓，他唤醒沉睡了 31 年的母亲的故事感动了观看春晚的数亿中国人，并由此带领着人们进入了人类关于“孝道”这一传统的永恒叙事，这是他始料未及的。

“母亲千辛万苦将我养大，她这一生很不容易，我一定要竭尽全力回报妈妈。我这年纪还有妈妈陪着我，我感到很幸福，今后的每一天我都会好好照顾她老人家，我很有信心。我能认清自己，我就是一个平常人，不仅要孝敬我的老母亲，还要尽一份对社会的责任。我做了一个普通人应该做的事情，党和国家给了我这么多荣誉，我一定不辜负党和国家、社会的期望。我想在有生之年，积极参加社会孝老爱亲等公益活动，走进机关、企业、学校，把我的事迹说给大家听，把中华民族的传统美德弘扬下去。我要用自己的行动为他人做好榜样，全社会的人都孝老爱亲，那么全天下的父母就都会过上幸福的生活，那么这个社会就永远的和谐了。”朱清章在践行他的孝敬，践行他作为人子和公民应尽的职责。

从央视春晚回来，又有两档节目向朱清章和母亲发出了邀请，一档是央视的《向幸福出发》，另一档是《孝行天下》。朱清章老人都很爽快地答应了，他表示：“我愿意把我和母亲的故事讲述给更多的人，多宣传一些正能量的东西，这是我和许多人的心愿，希望我的事情可以成

▲《孝行天下》节目录制现场

为一个纽带，借此弘扬中国传统文化中的孝道。”

孝行天下，回报社会。亲其亲，长其长，而天下平。传承和发扬传统美德，中华民族才会一代比一代更茂盛，才会幸福和谐。

现如今，朱清章老人从跳广场舞、讲课，到学习《弟子规》《了凡四训》等中华传统文化读本，他的学习兴趣越来越浓厚。目前，他已将《弟子规》《三字经》背得滚瓜烂熟。他说，仔细阅读这些传统文化，可以净化人的心灵。而这些传统文化也可以用在他每一次的宣讲中。

朱清章积极受邀参加社会公益活动。自 2011 年荣获全国“孝老爱亲”道德模范称号以来，截至目前，朱清章已经累计讲座上百场。

“只要他们需要，一个电话我就自己跑去了。”朱清章老人说。

在一次活动中，一个曾经顽劣不恭的少年听了朱清章老人的事迹后，深受感动，当场下跪给父母认错。看到这一幕，朱清章老人颇有感触地说：“孩子就是一棵小树，小树最终长成什么样，是由很多因素造成的，我们不能只怪孩子，家长和社会都有各自的责任。”这是一位有着孝心、耐心、爱心和责任心的老人的肺腑之言，对于孩子、对于家长、对于社会，我们每个人都肩负着不一样的责任，我们应竭尽全力地各司其职。

如今，母亲身体越来越好，朱清章老人也已经退休多年，一儿一女各自成家，不用操心，一家人的生活平静而快乐。

▲积极参加社会活动

18

时光不舍昼夜地流淌，让人们永远更多地关注未来，无暇回顾那些往昔的岁月。什桂图，这个伴随着共和国“一五”计划而诞生的矿区，曾经作为国家的能源基地，为包钢的发展做出了巨大的贡献。在它走过60多年的灿烂与辉煌之后，也不得不面对采空沉陷、山体滑坡等灾害。人民的生活和生态的恢复已上升到历史的第一位。煤矿关闭了，沉陷区、棚户区里的百姓也不得不整体搬迁。

那个最后的什桂图之夜是从黄昏重现的。

暮色中的大青山被涂上了一抹轻柔的金黄，紫色的雾霭在山峰间缓缓升腾，为青山镀上一层神秘的色彩。马鞍山依然静穆壮美，伫立在大青山的正南方。几十万什桂图的儿女遍布大山的各个角落，默默注目着这座曾经沸腾的“煤海之乡”，在之后的很多年，他们曾经的家园都将在这里独立寒秋了。

▲沉陷区现状

▲空荡荡的家园

朱清章用几十年的时光，亲历了一座煤城在中国西北大地的喧嚣与沉寂。泪水已打湿这位游子的衣衫。他的脑海里浮现出一幕幕旧日景象：工友们赶来了，他们话语高亢豪迈，呼啸着向矿山而去；马儿的铃铛摇曳出一片祥和，卖菜人赶着车离开后，母亲提着菜篮子出现在桥头，她欢喜地拾起一片片被卖菜人丢弃的菜叶；父亲也来了，他手里拎着那个斑驳的铝制饭盒，健步如飞，明媚的阳光普照着他脚下的路，父亲的憨笑熠熠生辉；山谷里歌声飞荡，是凤英来了，她挑着水，艰难地走在蜿蜒崎岖的山路上，在她的身后，山玫瑰花开，芬芳四溢。

故土难离。这片故土，与他的生命血脉相连。

2010 年年底，朱清章和母亲从他们居住了近四十年的小楼里搬出。

在最后一批搬离什桂图的人群中，朱清章是最后一个，他的家是什桂图最后的人家。

“考虑到住进楼房后，母亲上下楼不方便，我就比别人晚搬了两年，那几年母亲正在康复期，还没有恢复到现在这样，一旦遇见坡呀、坑呀，低洼的地面，她就会磕跟头，甭说上楼梯了。”朱清章老人说。

临走前的一个傍晚，朱清章去了妻子的墓地。

山下万家灯火早已寂灭。

曾经居住在什桂图的人们已经整体搬迁，留下的只有空荡荡的楼房、荒废的矿井、熏黑的输煤塔和沉默的煤矸石山。

当然，留下来的，还有他的妻子凤英。

靠着凤英的墓碑，朱清章遥望着山下那栋小楼，妻子和他的青春曾在那里热切地相遇，他们相伴、相随、相守了18年。18年啊！在他们结婚18年的时光里，为照顾生病的父母，有10年的时间，他和妻子都处于两地分居的境况中。而今，他又要离妻子而去了。

什桂图的夜晚这样美，一座座起伏的山峰沉睡在月光下，雄伟肃穆。他敞开衣领，感受着夜的清凉，思念着妻子。抚摸着墓前的山玫瑰，他眼前浮现出妻子年轻时的模样。腼腆的笑容，温柔的眼神。那黑黑的双眸从来没因为分离、苦难，没有因为辛苦的劳作、生活的艰难，有过一点点抱怨，哪怕是一声轻轻地叹息，一丝幽幽的彷徨。

在朱清章家挂着一幅他和妻子的结婚照片。照片中，凤英梳着两个羊角辫，端庄秀丽，朱清章戴着一顶帽子，浓眉大眼，他们微微地把头侧向对方，微笑地注视着前方。

空闲时，朱清章会把这张照片拿给母亲看，他告诉母亲，这是您的儿媳妇。母亲静静地听着，默默地凝视着照片中的凤英，轻轻地抚摸着照片中儿媳妇的脸，老人的目光中，透着慈祥和不舍。这个美丽的女人陪了她和他儿子整整18年，18年后，她悄无声息地走了，他们是一家人，却永远地擦肩而过了。

凤英就是天使，爱的天使，她为这个家操劳18年后，又回到了她的另一半天堂。他们的故事被写成了话剧——《惊蛰》。剧中的一处台词，我记得很清楚：

儿子对母亲说：你没有生我，但你养育了我；你累了，睡了，我等你。

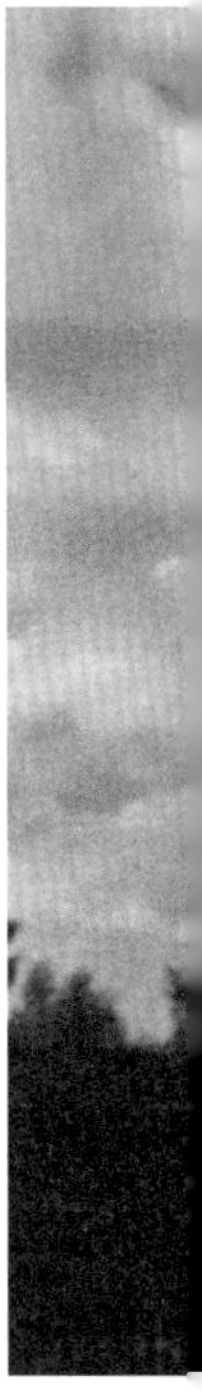

▲高耸的井架，独语斜阳

▲铁路淹没在芜荒的杂草之中

▲寂寞的输煤塔

儿媳对婆婆说：我来时，你睡着；我走了，你还没醒。

母亲对儿子说：我醒了，你，老了！

婆婆对儿媳说：我醒了，你，却走了！

儿子对母亲说：31 年，对于你不过是一瞬；对于我，却是一生的守候。

有人问道：“您对妻子是不是觉得特别亏欠？”

朱清章老人深情地说：“是的，我最亏欠的就是她没有亲眼看到我母亲重新站起来。她付出了很多，伺候母亲 18 年，她应该看到这个结局。我希望她在九泉之下，也会收到母亲醒来的消息，相信她在天堂能够看到母亲现在这个样子。她是上天派给我的天使，她会看到……”

世界上还有什么力量能阻止一个死去的人被活着的人怀念呢！

那晚，直到夜很深了，朱清章才从凤英的墓地回到家。他看见母亲一动不动地坐在院子里，满目透着一种无法言喻的悲哀。风不停地拂起母亲的白发，母亲怀里抱着凤英的照片，像是在想着什么，很努力、很投入地想着。

不忍心打扰老人，他悄悄地在母亲的身后坐了下来，院子里暗香浮动，那是山玫瑰的花香。

那天夜里，他似睡非睡，一直在梦里，又好像一直清醒着。他看见，凤英站在他家的小楼前，望着挚爱的家人，迎着阳光，拈花微笑。

在历经几十年守候之后，上天把它的好生之德慷慨地给了母亲。朱清章说，他希望母亲能再活30年，他还希望母亲寿终正寝，最后能够没有痛苦地离开。“以老于户牖之下，则尽其天年”，这样的死生状态原是张溥所鄙夷，但之于母亲来讲，是一句祝福。母亲这一生受了太多的苦，他不愿意再看到母亲遭受任何的苦难。他依然像几十年前那样，坚信母亲能够创造生命的奇迹。

30年后，母亲119岁，他95岁。

夕阳无限好，那该是一幅多么温暖而生动的人间晚图！

现在，朱清章搬进了民馨家园的一套公寓房。他每天带着母亲出去散步、晒太阳，母亲脚步稳健，上下楼自如，邻居们惊叹不已，这哪像一位曾经昏睡过31年的植物人！母亲的另一次幸福人生才刚刚开始，未来30年，他的儿子还将继续挽着她的手，在温暖的阳光里遛弯，在和谐的新时代谱写生命的传奇……

2015年5月，我第一次见到朱清章的老母亲，老人穿着干净利落，花白的头发梳得整整齐齐，面色红润，腰板挺直，走路也很利索。

“现在基本和正常人一样，就是耳朵有点背，总是闲不住，洗衣，做饭，缝补衣裳，剪窗花……”母亲的身体一天比一天好，朱清章老人欣慰无比。

老奶奶招呼我坐下，给我倒了杯水，又从卧室里给我拿出几块馍片，让我蘸水吃，说很好吃。

朱清章笑着告诉我：“这是我母亲的私房馍片，你快尝尝。母亲经历过国民经济困难时期，就怕没吃的给我，到现在也是，我从超市或是菜市场买回来的东西，包括生肉，她都会自己放起来一份，过几天再拿出来给我吃。”

“人年龄越大，有时候越像小孩。比如做饭，有时候和好面放在那儿，我问母亲想吃什么，她故意说不知道。”朱清章高兴地讲述起这些年与母亲生活的点点滴滴，言语中透出一种别样的温情。

我们说话间，老奶奶不停地嘱咐儿子“歇一歇、歇一歇”。晚饭时间到了，她开始张罗着做饭，过了一会儿，老奶奶给我端上了一小碟切得很细碎、很均匀的蒜。

朱清章老人笑着告诉我：“我母亲生病前很爱吃这东西，她今天亲自下厨，要用这碟蒜招待你这位贵客了。她自己肯定是不吃的，母亲就是这样，总是把最好的东西留给别人……”果然，老人把那碟蒜放在我面前，然后她端着一碗米饭走进了她的卧室。我感激地望着眼前这位忙碌的老人，谢谢她老人家。老母亲的记忆停滞了 31 年，这 31 年，她都在睡梦中度过，醒来后，她的一些记忆可能停留在她有记忆的那个年代，还有一些记忆可能已经被漫长的梦境和岁月给篡改了。尽管这样，她善良依旧，这是长在她骨子里的品质，是她永不褪色的性格，伴着她终老并完整地留给了她的儿孙们。

饭后，朱清章老人带我走进母亲的卧室，午后的阳光轻柔地铺在房间里，老人坐在床上，向着阳光的方向，对着面圆圆的小镜子，用手里拿着的一根织针，仔细地梳理着自己的头发，表情专注而柔和，阳光随着老人手里那根银色的织针来回跳动着。这样一种场景无与伦比地震撼了我，我仿佛看到老人的周围升腾着七彩祥云，瞬间，我们都被祥云的氛围暖暖地萦绕，生命的尊贵感在老人的身上闪闪发光。那一刻，我似乎明白了这个苦难的家庭因何会产生如此的生命奇迹。我被一种敬畏的力量慑住了，为老人内心那坚强的生命信念和那份丰满而又美好的生命存在的高贵。

母亲沉睡了 31 年，醒来后，她比任何人都更尊重生命、遵从内心，因为经历过，所以更珍惜。

如果，世间只有一种力量能让你感动，那种力量一定被称之为生命。

黄昏将近的时候，我离开了朱清章老人的家。在雨中站了 10 分钟，我坐上了一辆开往包头市的出租车。

“姐，你也住在这儿？”还没等我收起伞，司机就问道。

司机是一个很年轻的师傅。

“哦，不是。”我回答。

“你，90 后吧？”我突然想问问。

“是。姐，你呢？”他活泼地问道。

“我，80 后。”我回答。

“你坐车那地儿的住户都是前几年从什桂图矿区搬迁过来的。之前，我家也住在矿区，那里全是山，我们全都住在半山腰的房子里。什桂图没有枯竭，地下还有大量的煤，现在，它正在休养生息，待将来生态恢复了，开采技术和其他条件都好起来后，我们还回去那里……”

年轻的司机师傅边说边打开了音乐，筷子兄弟的《小苹果》欢快地响起。

是啊，什桂图，我们还回去那里，回到它的奋斗与辉煌中去，回到它31年唤醒沉睡之梦的故事中去，生生不息，代代不息。

当筷子兄弟的《小苹果》代替了刘文正的《外婆的澎湖湾》，我们已非他们，他们亦非我们。一代人有一代人肩负的使命，我们相互理解和尊重，尊重自然、尊重历史、尊重我们眼前那成千上万的平凡人、平常人，只有这样，人类和社会才能实现真正意义上的更迭、发展和向前。

天上的云朵在慢慢地飘，地上的青草沐浴着晚风，霞光浸染。恍惚中，早春的什桂图，氤氲中的山峦，像清澈的水一样流进我的梦。

我听见那曲古老的歌谣正在升起，瞬间，群山回响——

暴烈的骏马我不爱，
我爱它所在的马群。
宝贵的身躯我不爱，
我爱生我的双亲。

桀骜的骏马我不爱，
我爱它待惯的马群。
自个的身躯我不爱，
我爱养我的双亲。

朱清章生活轨迹

1951 年 2 月，朱清章出生在德州，雪天，被父母收养。

1958 年 9 月，朱清章上小学。

1959 年 3 月，国民经济困难时期，学校停课。

1962 年 7 月，逃荒的父亲返回德州，带母亲和朱清章来到中国西北角的什桂图。

1962 年 11 月，父亲成了河滩二矿一名正式采煤工，技术能手，劳模。

1965 年春天，什桂图煤炭采掘业进入第一个高峰期。朱清章再次入学。

1973 年 5 月，父亲因严重工伤被劝退回家。同年，朱清章辍学并下井。

1974年冬天，母亲突发脑溢血，半年后成了植物人。父亲的病情加重，生活完全不能自理。

1977年8月，朱清章辗转转为正式工人。

1979年10月，经过20次失败的相亲之后，张凤英走进了朱清章的生活。

1981年5月，父母依然瘫痪在床，儿子艳斌出生。两年后，女儿艳茹出生。什桂图煤炭采掘业进入第二个高峰期。

1984年9月，父亲被确诊为外伤性震颤麻痹综合症，留院治疗。朱清章和妻子拉开了十年两地生活的帷幕。

1987年3月，哥嫂家庭突遭变故，朱清章夫妇收养了哥嫂的孩子。

1994年10月，父亲离世。什桂图煤矿部分矿井报废封井。

1997年7月，妻子凤英患胃癌离世。朱清章独自挑起伺候母亲抚育儿女的重担。

2003年5月，植物人母亲有了知觉。

2004年6月，昏睡了30年的母亲渐渐苏醒。

2005年10月，朱清章在经历31年的生命守候之后，母亲终于站了起来，过上了健康人的生活。

永远的什桂图

在中国西北向西，一片浩大无垠的矿群静静地矗立在塞外的群山之中，没有喧嚣更卸去了昔日的铅华。沉浸在这荒芜的浩大空间里，反复忆及那些熟悉的名字：白狐沟、长汉沟、大发矿、大磁矿、五当召、河滩沟、赵长城。除此，那悬置在戈壁上的万家灯火、山腰间鳞次栉比的楼宇、沟壑里忽高忽低的窝棚家园，奔跑的麋鹿、獾子，摇曳的驼队，林间乌黑的飞鸟也一一袭来。当然，渐入印象的还有那在铁路上嬉戏的小小少年郎和矿山深处沉重的脚步，岁月汤汤，从古铜色的背脊上闪射出的汗水的光芒，熠熠横越……

什桂图南依马鞍山，北靠阴山主脉，山岩嶙峋，在西北向西的蒙古高原上，是具有代表性的山区地貌。时值深秋，一阵西风刮过，游走在这个名叫什桂图的地方，诸多写作中的情境在这片大地上找到相应的经纬。这里是离朱清章心灵最近的地方，是他和父辈们曾经安身立命的所在。多少年过去了，在这片土地上生活过的人们仍在不断地怀念着这里的过往，写作时，我也总是在心里复原着发生在这里的一切。记忆使一个人或者一群人的生命变得充盈，不管是疼痛、悲伤、兴奋、快乐或是其他什么，都是不可重新来过。在这里，矿山人拥有着他们集体的记忆，这或许更多地源自于什桂图这片土地的坚实与厚重。

我要写的或许不只是一个人感动很多人的故事，而是故事的主人公一个人和更多人共聚的家园，又或者有可能是他们记忆深处的一个时代和人生奋斗的一个缩影。

再次踏上这片土地，同行的是位熟知当地风土的司机。渐近什桂图，他的话语变得絮叨起来，近乡情怯，我想看看他年少时生活过的家，他欣然前往。

在山坡平缓处，有一截土墙，不算高，裂了口子，透着风，站在墙外，能清晰地看到院子里的一切。他跑到土墙前，从这面翻上去，跳到那边，再从那面翻上来，跳到这面，乐此不疲地在墙上翻来跳去。历经这么多年的风霜雨雪，这截土墙还在，他的脸上绽放出近乎孩童般的笑。

自结识什桂图以来，我一直想用镜头记下这里的山川风物以及它的灵性、伤痕、变迁，这是一片厚重无比的大地。可令我没想到的是，当我为这个目的来到这里时，我最想记述的还是这里的人，那已然离开又回到这里的寥落人群。仿佛命运的安排，在什桂图，我和他们没有预约地相逢了。

我要记述的第二个画面，是在离开司机家的时候，一转弯，隐约间，一丝中国红飘入眼帘，但很快消失了，我疑惑着前行并回头，那丝中国红连同枯朽的木门窗，歪斜的瓦罐里长出的乱草，再次一起充溢我的视线。我看见一位身着红衫的老人，他站在自家残破的土坯墙后，远远地望着我们，老人的眼神里满满的疑问与戒备，你们是谁？你们从哪里来？我想走近他，见我向他走去，老人踟蹰着向后退去，不忍打扰老人的宁静，我选择止步。

记得，朱清章不止一次向我提起什桂图的黄昏。从河滩沟矿出来时，黄昏就来临了，确实很美，落日的光辉被群峦和树木切割成参差不齐的时光片段，山川大地到处是色调混杂的昏黄，古老而沉寂。路过朱清章生活过的楼前，我想拍张照片带回去，当我尝试着在小楼与斜阳间寻找最佳的拍摄角度时，我却被眼前的另一幅景象吸引而去：一个牧羊女赶着羊群，头戴水红色的方巾，向着夕阳里的山坳走去。若非是亲眼所见，我不会相信，在几近没有人烟的什桂图，这有些诗意的牧归图谱是否是我脑海浮现出的幻象。牧羊女分明是看见了我们，她匆匆地走到羊群的前面，羊群跟随牧羊女迅速地向黑黢黢的山坳里沉去。

水红色方巾流水一样的滑没。那一刻，席卷而来的孤独，骤然间凝聚心头，我的眼前，一片朦胧。

氤氲在落日里的什桂图，充斥着西北边陲的凄美与寂寥。

暮色彻底降了下来，我们不得不加速回城，蜿蜒的路上，一辆车突然从后面冒了出来，和我们并行后，那辆车上的人向我们招手，他向我们打听出山的路口在哪里。而就在此时，又一幅图景吸引了我：路边一排低矮的房前，一位年迈的老妇出神地凝望着不远处的矿山，一只黑色的小狗伏在她的脚下，安静无比。这幅为太多人所熟悉的画面，这个多次在艺术作品中出现过的意象，就这样出现在我眼前并无与伦比地震撼了我。瞬间，问路的行人和那位于无声处凝望的老妇一起消失在什桂图的暮色苍茫之中。

司机告诉我，我看到的那些人，他们都曾经生活在什桂图，现在又偷偷跑了回来。

如此，我终于懂了，他们的神情是这片土地的赋予。他们用近乎无声的姿势回到什桂图，这种充满留恋和朝圣的姿态，让我对眼前的一切充满敬畏。

当大地上的一切不断变化，当一切只存在于过去，只有在记忆的源头才能打捞起生命最初的悸动。于是，心灵总是朝向那个方向走去。他们是这片土地的见证者，记录着一个时代的远去和曾经的创伤。他们也是这片大地的守望者，是这片土地最原始的印记和最古老的预言，他们是打开什桂图的钥匙和密码，所有的一切记忆都从这里复苏。南来北往的什桂图儿女，从这里到达远方，或落叶归根。

什桂图的深谷，再次飘荡起浩荡长歌，前呼邪许，后亦应之，是一种豪迈的唱腔，未经打磨，在群山之巅随意地散落，是这块坚硬的土地撞击历史发出的回声。

西北向西，煤炭的色，显得庄重，古朴。